다시 한번, 고대 중국철학

: 세상이 넓어지는 철학 수업

다시 한번, 고대 중국철학
: 세상이 넓어지는 철학 수업

초판 1쇄 인쇄 2024년 12월 21일
초판 1쇄 발행 2024년 12월 27일

지은이 / 김철신
편　집 / 수　진
교　정 / 이도영
인　쇄 / 북토리

펴낸곳 / 도서출판 **동과서**
경기 고양시 일산서구 송파로 151번길 24
등록번호 / 1996년 제22 - 405호
D.K.S. Publishing Co.
24, Songpa-ro 151 beon-gil, Ilsanseo-gu,
Goyang-si, Gyeonggi-do, Korea

전화 / (02)333-7533
팩스 / (02)6280-2353

값 18,000원

ISBN 978-89-6525-166-8 (03100)

다시 한번, 고대 중국철학

: 세상이 넓어지는 철학 수업

김철신 지음

동과서

지은이 **김철신** :

*연세대학교 철학과 문학사, 문학석사, 철학박사

*연세대학교 2005·2010년 우수 강사, 2009·2011년 최우수 강사

*국립순천대학교 2015·2016·2017년 교육우수상 수상

*제14회 철학연구회 논문상 수상

1966년 광주 출생. 고등학교 시절 알베르 카뮈의 『이방인』을 읽고 철학에 막연히 이끌려 철학과에 진학하였다. 대학 시절 스승이신 故 이강수 선생님의 "동양철학의 제(諸) 문제" 강의를 들으며 고대 중국철학에 빠져들었다. 2004년 「장자의 관점에서 본 논변사조」로 철학박사 학위를 취득하였다. 현재 국립순천대학교 철학과 교수로 재직 중이며 고대 중국철학, 특히 장자와 공손룡 철학을 중심으로 서구와는 다른 중국 고유의 사유 체계를 재조명하는 데에 힘쓰고 있다.

연구만큼이나 교육을 중요하게 여기며 학생들과의 소통을 소중히 한다. "자식에게 하지 못할 말은 학생에게도 하지 않는다"라는 신념으로 강단에 선다. 이 책 또한 그런 마음을 담아 집필했다.

들어가는 말

저는 30년간 '고대 중국철학'을 중심으로 철학을 탐구해 왔습니다. 그 세월 동안 저만의 속도로 읽고 쓰고 말해 왔는데, 그것이 너무 느려서인지 아니면 제 역량이 부족해서인지 아직도 밝혀야 부분이 많이 남아 있음을 자주 확인합니다. 그렇다 보니, 연구 결과를 세상에 내놓고 피드백을 받아야겠다는 생각은 하지 않았습니다.

2023년, 안식년을 보내던 중 문득 지금이 학문적으로 가장 무르익은 시기이거나, 이미 정점을 지나쳤을지도 모른다는 불안감이 들었습니다. 만약 그렇다면, 제 연구가 '숙성'의 단계를 넘어 '부패'로 접어들었을지도 모른다는 걱정이 밀려왔습니다. 더는 지체할 수 없다고 판단한 저는, 부족하더라도 연구 결과를 세상에 내놓기로 마음먹었습니다.

저의 연구 결과를 '재료'로 삼아 조리하면 세 가지 다른 '요리'가 만들어집니다. '첫 번째 요리'의 주재료는 혜시(惠施)와 공손룡(公孫龍)

그리고 후기 묵가(後期墨家)입니다. 이들이 참여한 명변(名辯)—오늘날 말로, '논리학적 문제'라 할 만한—에 관한 논쟁을 재구성하는 방식으로 조리합니다. '두 번째 요리'의 주재료는 노자(老子)와 장자(莊子)의 도가(道家) 철학입니다. 다른 재료를 배제하고 오로지 이 두 철학자의 사상으로만 조리하여 도가만의 독특한 세계관과 인생관, 예술론을 살려내 볼 참입니다. '세 번째 요리'가 이 책입니다. 앞의 두 요리는 아직 접시에 담기기 전이나, 이 요리는 플레이팅이 거의 다 되었습니다. 이 요리는 고대 중국의 제자백가를 통해, 고대 중국인들이 그 땅에서 생존을 이어오며 터득한 삶의 전략과 지혜를 재해석한 결과입니다. 이제 이 요리를 독자 여러분에게 선보입니다.

이 책은 1부와 2부로 구성되어 있습니다. 1부는 1장에서 4장까지, 2부는 5장에서 9장까지입니다. 1부는 퓨전 요리라면, 2부는 정통 요리에 비유할 수 있습니다. 1부는 고대 중국철학 외에도 철학 일반, 생각, 서구의 사유 방식, 종교, 과학 등 다양한 재료를 혼합하여 사용합니다. 반면, 2부는 고대 중국철학만을 사용하여 재료의 순수성을 유지합니다.

1부와 2부는 조리법에서도 차이가 납니다. 1부에서는 설명과 비교의 방식을 사용합니다. 1장에서는 사람에게 철학이 필요한 이유와 근거, 철학의 구성 요소인 생각을, 2장에서는 고대 중국의 사례를 통해 철학이 인류 역사의 어떤 전환점에서 등장했는지를 설명합니다. 3장에서는 철학을 종교, 과학과 비교하고, 4장에서는 고대 그리스와 고대 중국의 사유 방식을 비교합니다.

2부에서는 고대 중국의 철학자나 텍스트를 선정해서 특정한 철학적 문제를 논의하는 방식을 사용합니다. 5장에서는 『주역』을 통해 동아시아적 사유 방식의 특성을, 6장에서는 공자와 『논어』를 통해 중화(中和)적 삶의 방식을 살펴봅니다. 7장과 8장에서는 맹자, 순자, 한비를 통해 사람의 본성, 교육, 이기성 등을, 9장에서는 공손룡과 후기 묵가를 통해 인식과 존재의 문제에 실재론적 입장과 구성론적 입장을 대조합니다.

이 책이 학문적 연구 결과의 단순한 나열을 넘어서, 철학적 사유의 여정을 시작하는 이들에게 길잡이가 되고, 이미 그 길을 걷고 있는 이들에게 잠시 멈춰 서서 온 길을 반추하는 계기가 되기를 바랍니다.

이 책이 세상에 나오는 데에는 많은 분의 손길과 따뜻한 격려도 있었지만 예기치 못한 곡절도 있었습니다. 동과서 황병기 사장의 돌발상황 대처 능력과, 이도영 편집자의 헌신과 전문성은 그래서 더욱 빛을 발했습니다. 나락으로 추락할 때 온 존재를 걸고 함께 버텨준 서진에게 이 책을 바칩니다.

2024년 11월 22일

와명(蝸明) 김철신

차 례

1부
철학의 기원과 본질

차 례

차 례

2부 고대 중국철학의 심연

5장 역경(易經), 고대 중국이 빚어낸 사유 방식의 한 전형

6장 공자(孔子)와 논어(論語): 중화(中和)가 실현된 삶의 방식

차 례

7장
교육과 본성 Ⅰ
: 맹자의 성선설 바로보기

8장
교육과 본성 Ⅱ
: 순자의 성악설 바로보기

차 례

1부

철학의 기원과 본질

1장 철학의 탄생과 근본 요소인 생각

첫걸음

철학이라는 학문에 관한 두 가지 이야기로 말문을 열어볼까 합니다. 하나는 '철학의 탄생'에 관한 이야기이고 다른 하나는 철학의 근본 요소인 '생각'에 관한 이야기입니다. 철학이 생소한 분들은 철학을 전문적으로 다루는 학자라면 완벽히는 아닐지라도 누구나 수긍할 만한 철학의 정의를 내려줄 수 있으리라 기대할 수 있습니다. 물질과 그에 수반하는 에너지를 연구하는 학문을 '화학'이라고 정의하듯이 말입니다. 그런데 안타깝게도 철학 정의를 제시하는 일은 저의 역량 밖의 일입니다. 철학은 특정 분야나 주제로 한정하기 어렵기 때문입니다.

오늘날에는 철학이 분과 학문 가운데 하나이지만 처음 철학이 생겨났을 때는 오늘날 말하는 학문의 거의 전 영역, 분야, 주제의 지식이 철학이라는 이름으로 망라되어 있었습니다. 논리학, 인식론, 미학, 윤리학, 정치철학, 신학, 과학철학 등 철학을 이루는 대표적인 분야만 하더라도 예닐곱은 댈 수 있습니다. 그리고 철학에서 다루는 전형적인 주제 또한 사실상 제한이 없습니다. 인간, 존재, 지식, 윤리, 미학, 종교, 과학, 정치, 언어 등 우리가 상상할 수 있는 거의 전부라고 할 수 있습니다. 오늘날에는 인공지능 철학도 있으니까요.

게다가 보편적 관심사와 방법론이 없는 것은 아니지만 지역, 시대, 문화, 학파에 따라 관심사와 방법론은 천양지차로 벌어집니다. 기원전 6세기 이후에 펼쳐진 중국의 춘추시대 말엽은 과도기였습니다. 상주(商周)시대로부터 내려오던 준거인 상제와 천명이 무너진 시기이기에 사회제도가 매우 혼란스러웠습니다. 이 시기에 활약한 대표적인 철학자 '공자'와 '노자'는 새로운 준거를 마련한다는 시대적 사명을 공유하였지만, 제시한 해법의 지향은 정반대 방향이었습니다. 공자는 인위(人爲)를 최대한 끌어올리는 수기안인(修己安人)을, 노자는 인위를 최소화하는 무위자연(無爲自然)을 들고나왔습니다. 심지어 공자를 계승한 유학자인 맹자와 순자마저 철학적 관심사와 방법론은 공자와 매우 상이합니다.

마지막으로 역사적 배경이나 맥락, 문화적 차이, 관점에 따라 양립할 수 없는 주장들이 모여 있는 것이 철학이기 때문입니다. 실재론(Realism)과 관념론(Idealism)을 예시로 들어보겠습니다. 실재론은 사람의 인식과 무관하게 외부 세계가 실재한다는 관점이고, 관념론은 외부 세계가 인식 주체인 사람의 인식으로 구성된다는 관점입니다. 이 두 관점은 철학이라는 이름 아래에 함께 놓이지만 서로 양립할 수 없는 엄청난 차이를 보입니다. 이러한 맥락에서 철학의 정의나 관점에 관한 소개는 앞으로 펼쳐질 각 논의의 맥락에서 필요한 경우에만 한정하겠습니다.

'누구나 인정할 만한'이라는 부담을 지지 않는다면 저도 철학에 대한 정의나 제 관점을 소개할 수 있습니다. 이는 곧 논의할 '철학의 출현과 필요성'과도 관련이 있으며, 저자로서 제가 철학에 대해 어떤 관점을 가지고 있는지 밝히는 것 또한 의미가 있을 것 같습니다. 다소 쑥스럽지만, 이 자리에서 그것을 소개하려고 합니다.

철학에 대한 저의 관점은 몇 차례 변화해 왔습니다. 처음에는 '자기완성을 위한 학문'이라는 의미의 공자(孔子)의 위기지학(爲己之學)에 매료되어 철학을 본격적으로 시작하게 되었습니다. 두 번째는 박사학위 논문에서 다룬 주요 인물인 장자(莊子)의 영향을 받았습니다. 당시 저에게 철학은 마음속에 가득한 선입견, 편견, 불안 등 '마음의 쓰레기를 청소하는 작업'이었습니다. 공자의 철학에서 장자의 철학으로 시선이 옮겨간 이유는 저의 주된 관심이 '사회'에서 '개인'으로 바뀌었기 때문입니다. 공자는 나를 가꾸는 수기(修己)를 출발점으로 삼아 점차 사회로 확장하고 궁극적으로는 백성을 편안하게 하는 안백성(安百姓)을 목표로 합니다. 반면 장자는 사회보다는 개인, 특히 자신의 내면세계를 강조합니다. 당시 저에게 중요한 것은 세상보다 내면의 평온함이었습니다.

이후 철학을 대하던 저의 무게중심은 다시 한번 이동하게 됩니다. 2024년 현재, 저에게 철학은 '인류가 지구에서 생존하며 터득한 전략과 지혜의 기록'입니다. '개인의 내면'이라는 주관적이고 개인적인 차원에서 '생존'과 '기록'이라는 두 축으로 옮겨간 것입니다. 생존은 모든 생명체에게 가장 원초적이고 근본적인 도전이며, 기록은 철학이 언어와 불가분의 관계에 있다는 것, 그리고 기록은 인간만이 할 수 있는 고유한 행위라는 것을 의미합니다. 이러한 관점의 변화는 제가 보다 근본적이고 보편적인 차원에서 철학을 바라보게 되었음을 보여줍니다. 이 관점은 단순히 더 많은 철학자나 철학 학파에 적용될 수 있을 뿐만 아니라, 심지어 다른 학문 영역에도 확장될 수 있기 때문입니다.

철학:
불완전한 지능을 위한 지혜의 기록

앞에서 필자는 철학을 생존에서 터득한 전략과 지혜의 기록으로 본다고 소개했습니다. 4백만 년 전, 현 인류의 조상인 오스트랄로피테쿠스를 떠올려 봅시다. 그들은 매일매일 주린 배를 이겨내야 했고 추위와 포식자를 피해 숨을 데를 찾아 헤매야 했을 것입니다. 추측하기 어려운 일은 아닙니다. 그런데 21세기 그들의 후손은 적어도 지구상에서 만물의 영장으로서 살고 있습니다. 어떻게 이런 일이 가능했을까요? 십중팔구, 앞선 세대가 터득한 생존의 전략과 지혜가 후손에게 넘겨져 후손의 생존과 번영을 도왔기 때문일 것입니다. 한 생물학자가 이를 보증하며 이렇게 말합니다.

> "인간은 이 세상 모든 동물과 다르다. 이전 세대가 터득한 지식과 지혜를 구전 또는 기록으로 다음 세대에 전달한다. 우리는 세대마다 시행착오와 발견을 반복하지 않는다. 우리 인간은 세대가 바뀔 때마다 출발선을 이전 세대가 전진한 곳까지 옮겨놓고 거기서 시작하는 유일한 동물이다. 인간이 만물의 영장이 될 수밖에 없는 까닭이 바로 여기 있다."[1)]

여기서 주목할 단어는 지혜의 전달과 더불어 '기록'입니다. 21세기로부터 5천여 년 전쯤 지구 곳곳에서 동시다발적으로 다양한 형태의 문자가 발명됩니다. 문자의 발명을 계기로 인류는 그들 각자가 통과해 온 자신의 시간과 시대에서 터득한 생존의 전략과 지혜를 후손에게 암기가 아닌 문자 기록의 형태로 물려줄 수 있게 되었습니다. 그 기록을 물려받은 후손들 또한 자신들이 지나온 시간과 시대 속에서 얻은 전략과 지혜를 기존에 전해진 것에 더하고, 필요에 따라 수정하면서 다음 세대에 전수해 나갔습니다. 그 세월이 어언 2천 년 정도 흘렀을 즈음, 또다시 지구상 곳곳에서 또 한 번 거의 동시다발적인 출현이 있었습니다. 후대 사람들은 이를 고대 희랍철학, 고대 중국

철학, 고대 인도철학이라 이름 붙였습니다. 그러니까 인류가 죽음의 문턱을 넘으면서 터득한 전략과 지혜를 4백만 년 이상의 시간 동안 입으로 주고받다가, 문자 발명 이후 2천 년 동안 그 전략과 지혜를 입이 아닌 '문자'로 베껴 쓰고, 고쳐 쓰고, 새롭게 쓰는 과정을 거치면서 철학이 출현하게 되었다는 것입니다. 그래서 저는 철학을 인류의 생존에 대한 문자 기록이라는 관점에서 보게 되었습니다.

그렇다면 철학은 왜 필요했을까요? 먼저, 무엇이 인간을 지구상 만물의 영장으로 자리 잡게 했는지 생각해 볼 필요가 있습니다. 사람의 체력이나 신체적 조건은 분명 아닐 것입니다. 힘으로는 호랑이나 사자는커녕 늑대조차 제압하기 어려우며, 치타처럼 빠르게 달리지도 못하고, 물고기처럼 물속에서 살거나 새처럼 하늘을 날 수도 없습니다. 제 생각에는 그 이유가 '지능(Intelligence)', 즉 '아는 능력'에 있지 않을까 싶습니다. 여기서 말하는 지능은 단순히 지각하고 학습하는 능력만이 아니라, 이를 바탕으로 추론하고 불과 언어를 포함한 다양한 도구를 사용하고 조작하는 능력까지 모두 포함합니다. 적어도 현재까지 밝혀진 바에 따르면, 지구상에서 인간보다 더 뛰어난 추론 능력과 도구 사용 능력을 가진 생명체는 아직 존재하지 않으니까요.

그러나 사람의 지능이 지구상에서 사람을 만물의 영장으로 만들어주었다 할지라도, 그 지능에 관해 간과해서는 안 되는 점이 있습니다. 그것은 지능 자체가 완벽하지 않다는 것입니다. 만약 사람의 지능이 완벽하다면 학창 시절에 본 모든 시험에서 아무런 노력도 없이 만점을 맞아야 했을 것입니다. 상상만 해도 기분 좋은 얘기지만 그런

일은 일어날 수 없습니다. 인간 지능의 한계는 아주 명확합니다.

사람의 지능은 완벽하지 않기 때문에 인류의 역사는 실수와 실패로 점철되어 왔습니다. 그리고 동시에 인류의 역사는 자신의 생존 가능성과 삶의 질을 높이기 위해 비슷한 실수와 실패를 되풀이하지 않으려는 인류의 끊임없는 고민과 모색 그리고 시도로 이어져 있기도 합니다. 이 고민과 시도의 과정에서 인류는 생존에 도움이 되는 그 수많은 것을 발견하고 발명했습니다. 몇 가지 예를 들자면, 불, 돌도끼, 그릇, 수렵과 채집, 농경, 그리고 문자가 있습니다. 철학 역시 이러한 시도 중 하나로 탄생했습니다. 철학은 사람의 지능과 밀접하게 관련되어 있지만, 더욱 중요한 사실은 그 지능이 완전하지 않다는 사실에서 비롯되었다는 점입니다. 다시 말해, 사람을 만물의 영장으로 만들어준 그 지능이 불완전하기 때문에 사람에게는 철학이 필요했던 것입니다.

철학의 영어식 표현인 'Philosophy'라는 단어 역시 사람 지능의 불완전성으로부터 기원하였습니다. 'Philosophy'는 고대 그리스어에서 지혜를 의미하는 'Sophia'와 사랑을 의미하는 'Philos'의 결합어인 'Philosophia'에서 유래했습니다. 그래서 Philosophy는 '지혜에 대한 사랑'을 뜻합니다. 사람이 지혜에 끌리고 지혜를 사랑하는 것은 완벽하게 지혜로울 수 없기 때문입니다. 사람이 완벽하게 지혜로울 수 있다면 불이든, 돌도끼든, 그릇이든, 문자든, 철학이든 어떤 것도 필요하지 않았을 것입니다. 사람의 지능이 완벽하지 않기에 지혜에 관한 학문인 철학을 필요로 할 수밖에 없었고, 그 결과 지금 우리 앞에 철학이라는 학문이 놓여 있게 되었습니다.

생각:
철학의 기본이자 근본 구성 요소

철학이라는 학문의 가장 기본적이고 근본적인 구성 요소는 '생각'입니다. 이 표현을 이해하기 위해 소나무를 예로 들어보겠습니다. 소나무의 구성 요소에는 솔방울, 잎사귀, 가지, 줄기, 뿌리 등이 있습니다. 솔방울이 소나무의 상징적인 요소일 수 있지만, 그것이 없다 해서 소나무가 죽는 것은 아닙니다. 솔방울은 소나무의 존재를 대표할 수는 있지만, 필수적인 요소는 아니기 때문입니다. 소나무는 솔방울 없이도 여전히 자라나고 생명을 유지할 수 있습니다. 그러나 뿌리가 없다면 소나무는 생명을 유지할 수 없습니다. 여기서 말하는 '기본적이고 근본적'이라는 표현은 바로 이러한 뿌리의 역할을 뜻합니다. 철학을 소나무에 비유한다면, 철학이라는 소나무의 뿌리 역할을 하는 것이 바로 '생각'입니다. 즉, 생각이 철학의 가장 기본적이고 근본적인 구성 요소라는 의미입니다.

그렇다면 생각이란 무엇일까요? 이 단어를 모르는 사람은 없지만, 막상 그 의미를 설명하라면 어려움을 겪는 이들이 많습니다. 간단히 정의하자면, 생각이란 사람의 마음(서양 철학에서는 '의식')이 만들어 내는 이야기입니다. 간단한 예시로, 한 학생의 경험을 떠올려 봅시다.

중간고사가 끝난 어느 날, 그가 기숙사에서 수업을 가기 위해 막 밖으로 나서려던 순간, 잿빛 하늘이 곧 비를 쏟아낼 것 같은 분위기를 연출하고 있었습니다. 그 순간 그의 마음속에서는 '음, 날씨도 침울하고 어제 과음한 탓에 머리도 띵한데, 오늘 수업은 그냥 건너뛸까?'라는 생각이 스치고 지나갑니다. 우리가 일상에서 무심코 마주하는 이런 내적 독백, 이 모든 것이 바로 '생각'입니다. 혹시 이 글을 읽으며 '정말 이런 게 생각일까?'라는 의문이 들었다면, 그 의문 자체도 생각의 일부인 셈입니다.

사람이 마음속에서 만들어내는 모든 이야기를 '생각'이라고 하면, 이런 의문을 가질 수 있습니다. '내 마음속에서 떠오르는 이야기 중 대부분은 말도 안 되는 것들인데, 그것도 다 생각이란 말인가?' 맞습니다, 그것도 생각입니다. 망상조차도 생각입니다. 망상의 한자어 '妄想'에서 이 '상(想)'의 의미가 바로 생각입니다. 따라서 망상은 생각은 생각이되 다만 망령된 생각일 뿐입니다.

생각을 철학에선 '관념'이라고 부릅니다. 관념은 모든 종류의 생각을 포괄하는 개념입니다. 망령된 생각, 모호한 생각, 확신이 서지 않는 생각, 환상적인 상상, 현실에 없는 존재를 그려보는 생각, 오락가락하는 생각 등이 모두 관념에 포함됩니다. 관념 안에는 우리가 흔히 사용하는 개념이라는 단어도 포함됩니다. 개념은 관념 중 '망령되거나 흐리멍덩하거나 긴가민가한 관념이 아닌 정돈된 관념'만을 지시하는 단어입니다. 철학적 용어를 사용하면, 추상화된 관념을 개념이라 합니다. 즉, 어떤 사람이나 상황, 사건에 대한 다양한 생각(관념)에서

불필요한 부분을 제거하고 핵심만 남긴 것이 개념입니다. 개념은 우리의 일상 언어에서도 사용됩니다. 예를 들어, "건수는 정말 개념 있는 친구야."와 같은 표현에서 볼 수 있죠.

생각의 수많은 특성 중 네 가지만 짚어보겠습니다. 첫째, 생각은 사람의 의도나 의지와 상관 없이 일어나는 경우가 많다는 점입니다. 생각은 분명 내 안에서 일어나지만, 대부분 내 의지와 무관하게 떠오릅니다. 심지어 어떤 생각은 내 의지로 아무리 끊어내려고 해도 끊어낼 수 없습니다. 예를 들어, 시험 전날 시험공부에 전념해도 모자랄 판에 내 의지를 배반하며 떠올랐던 그 온갖 잡념들, 말을 더 보탤 필요가 없겠죠. 또 전쟁의 참혹함을 겪은 분 중에서는 그 기억을 잊으려 해도 잊지 못해 안타깝게도 고통의 늪에서 허우적대는 분들이 계십니다. 내 생각의 출처는 내 마음이지만, 그 생각 대부분은 내 의지와 무관하게 멋대로 떠오르고 작동하고 멈추고 사라집니다.

둘째, 사람은 문제 상황에 직면할 때 비로소 자발적으로 생각을 한다는 것입니다. 흔히 사람을 '생각하는 동물'이라고 하지만, 일상에서는 대부분 생각 없이 살아갑니다. 그러다가 궁리(窮理: 이리저리 생각함)하지 않으면 헤쳐 나갈 수 없는 난관에 부딪혔을 때 생각하기 시작합니다. 예를 들어, 집 현관 비밀번호를 누를 때를 생각해 보시죠. 비밀번호가 맞으면 아무 생각 없이 집에 들어가지만, 열리지 않으면 그제야 '왜 안 열리지?'라는 생각이 떠오릅니다. 생각은 시험 벼락치기처럼 닥쳤을 때나 자발적으로 하는 것입니다.

셋째, 생각은 이어나가는 것보다 중간에 포기하는 경향이 압도적으로 높습니다. 예를 들어, 경영학과 장학생이었던 건식이가 학사 경고로 장학금을 잃고 이번 학기 등록금을 마련해야 하는 상황을 가정해 보겠습니다. 처음에는 '어떻게 해결하지? 친구에게 빌릴까? 부모님께 말씀드리면 실망하실 텐데.' 이러다가 얼마 되지 않아 '에이, 생각한다고 뭐가 달라져. 그냥 잠이나 자자.', 또는 '될 대로 되겠지, 뭐.' 이런 식으로 생각을 포기하는 경우가 문제를 해결하는 선까지 생각을 이어가는 경우보다 훨씬 많다는 것입니다.

넷째, 생각은 실제의 정황과 일치하지 않는 경우가 빈번합니다. 생각과 실제 사이의 불일치를 함축하는 유명한 철학적 명제가 있는데, 처음 들으면 '이게 무슨 말이지?'라는 생각이 들 수 있습니다. 하지만, 인용문 뒤에 나오는 사례를 통한 설명을 보고 인용문을 다시 읽으면 '아, 이런 말이구나!'라고 생각하실 것입니다.

"나는 내가 존재하지 않는 곳에서 생각한다.
그러므로 나는 내가 생각하지 않는 곳에서 존재한다"

이 명제를 제시한 사람은 20세기 프랑스의 철학자이자 정신분석학자, 정신과 의사였던 에밀 라캉(Jacques Marie Emile Lacan, 1901~1981)입니다. 이를 이해하기 위해 제가 들은 한 부부의 이야기를 해 보겠습니다. 이 부부는 같은 항공사 사무직 동기로 해외에서 함께 근무하며 가까워졌고, 결국 부부가 되었습니다. 결혼 후 아이가 생기자 국내 근무를 자원하여 몇 년을 함께 지냈지만, 시간이 지나 남편은 해외 발령을 받게 되어 가족은 떨어져 살게 되었습니다.

남편의 출국이 다가오자 아내는 남편과 떨어져 살 생각에 심란해졌고, 결국 눈물까지 흘렸습니다. 출국 당일, 옛 동료들 앞에서 너무 추하게 울지는 않을까 걱정하며 잠도 제대로 이루지 못했습니다. 그런데 막상 공항에 도착하자 기분이 좋아졌습니다. 이제 당분간 남편의 와이셔츠를 안 다려도 되고, 그동안 만나지 못했던 친구들과 마음껏 수다 떨 시간이 생겼기 때문입니다. 나중에는 탑승 수속이 너무 길어서 짜증까지 났습니다. 즉, 남편과 헤어짐에 대해 예상(豫想: 미리 생각함)했을 때는 슬픔과 두려움, 남들의 시선에 사로잡혔지만, 현실에서 벌어진 일은 남편 부재 상황에 대한 기대와 수속 절차의 번거로움이 더 크게 다가왔던 것입니다. 이처럼 생각과 실제 사이에는 괴리가 존재합니다. 에밀 라캉의 명제는 바로 이 괴리를 함축하고 있습니다. 이제 이 괴리에 초점을 맞춰 명제를 다시 한번 읽어 보신다면 처음과는 사뭇 다른 느낌을 받으실 것입니다.

철학의 뿌리인 '생각'의 대표적 특성 중 하나가 중도에 쉽게 포기된다는 점이라면, 철학적 사고는 중도에 포기하지 않은 생각에서 비롯된다고 추론할 수 있습니다. 물론 중단하지 않은 모든 생각이 철학이 되는 것은 아닙니다. 예를 들어, 남을 속이기 위한 치밀한 사기 계획은 결코 철학이 될 수 없습니다. 하지만 중요한 점은, 생각을 끝까지 밀고 나가지 않고 중도에 포기하면 그 생각은 철학으로 발전할 자격조차 얻지 못한다는 것입니다.

이와 관련하여 제 친구가 대학원 진학을 앞두고 '국가란 무엇인가'라는 주제에 천착하게 된 일화를 소개하겠습니다. 그 시절, 그 친구는 대학원 입시에 몰두하고 있었는데, 여러분이 믿기 어려울지 모르지만, 1970~80년대에는 인문학 대학원 진학 역시 치열한 경쟁의 장이었습니다. 그 친구는 뛰어난 학생도 아니었고, 진학 결정이 늦어 준비가 충분치 못해 합격을 자신할 상황이 아니었습니다. 그러나 이보다 더 그를 무겁게 짓누른 문제는 등록금 마련이었습니다. 공부에만 전념해도 합격이 불투명한 상황에서 경제적 부담까지 겹치니 그의 고민은 깊어졌습니다. 어느 새벽, 이러한 고민 속에서 그는 문득 자신에게 '과연 국가란 무엇인가?'라는 근본적인 질문을 던지게 되었습니다.

그 친구가 이런 물음에 도달한 계기는 국가가 갑자기 괘씸한 존재로 여겨져서입니다. 그는 훗날 자신이 전공하는 분야에서 훌륭한 전문가가 된 경우를 생각해 보았습니다. 그렇게 되면 국가에 세금을 통한 재정적 기여는 물론이요, 지식과 기술을 통해 국가의 번영에 이바지하게 될 것입니다. 그러나 그가 그 위치에 도달하기까지 국가가 자신에게 어떤 투자나 지원도 하지 않는 현실을 깨닫게 되었습니다. 마치 아무런 물이나 영양분도 주지 않고 최고의 사과를 기대하는 농부와 같은 국가의 태도에 실망을 느낀 것입니다. 그 당시 프랑스나 독일 같은 국가들은 교육에 대한 국가 지원의 일환으로서 대학 등록금을 면제하던 사례를 고려하면 충분히 타당한 문제 제기였습니다.

이처럼 해답이 쉽게 나오지 않는 문제일지라도 생각을 끝까지 밀고 나가면 '국가는 나에게 또는 국민에게 무엇인가?'라는 철학적 물음에 이르게 됩니다. 생각을 중도에 포기하지 않고 깊이 파고들어야만 문제의 본질에 다다를 수 있으며, 새로운 관점에서 예상치 못했던 깨달음에 도달할 수 있습니다. 더 나아가 그러한 생각이 점차 정교해지면, 그것이 철학의 기초가 되어 '새로운 철학'이 탄생할 수도 있는 것입니다.[2)]

강의 노트

정리하면, 1장에서는 크게 네 가지 주제를 다루었습니다. 첫째, 철학의 출현과 인류가 생존의 지혜를 문자로 기록하기 시작한 것 사이의 연관성을 살펴보았습니다. 둘째, 인류가 지능을 통해 지구상의 주역으로 자리 잡았지만, 그 지능의 불완전성이 철학의 필요성을 불러일으켰다는 점을 논했습니다. 셋째, 철학의 근본적 요소는 '생각'이라는 사실을 강조했습니다. 넷째, '생각'의 다양한 특성 중에서 네 가지를 집중적으로 조명했습니다.

2장 철학의 여명기

첫걸음

사전적으로 '여명'은 '동이 틀 무렵'을 뜻합니다. 따라서 '철학의 여명기'란 철학이 막 태동하려는 시기를 의미합니다. 구체적으로 말하자면, 고대 그리스에서 탈레스(Thales, 기원전 약 624~약 546)가 등장하기 직전, 그리고 고대 중국에서 공자(孔子: 기원전 551~479)가 등장하기 직전의 시기인 기원전 7세기 즈음입니다. 이 시기를 조명하려는 이유는 철학이 인류 역사의 '어떤 전환점'에서 싹트기 시작했는지를 살펴보기 위함입니다. 특히 고대 그리스 대신 고대 중국의 사례를 앞세우는 이유는 저의 학문적 배경이 고대 중국철학에 뿌리를 두고 있기 때문입니다.

고대 중국의 전환점을 이해하려면 당시의 사상적 배경뿐만 아니라 사회, 정치, 경제적 조건과 당시 직면했던 문제들에 대한 폭넓은 이해가 필수적입니다. 주나라는 기원전 1046년에 세워졌고, 약 300년 후인 기원전 770년에 실질적인 권력을 상실하기 전까지 중국 사회의 기본적인 제도적, 이념적 틀을 확립했습니다. 제도적으로는 중국 특유의 봉건제인 분봉제를 도입하여 '피라미드식 지배 구조'를 완성했고, 이념적으로는 '천명미상(天命靡常)'[1] 사상을 강조했습니다. 특히 천명은 고정되지 않았다는 '천명미상(天命靡常)' 사상이 어떤 맥락에서 나타났는지가 중요한데, 주나라의 이 사상을 제대로 파악하기 위해서는 주나라 이전의 상나라(商, 기원전 1600~1046)에서 등장한 상제(上帝) 개념을 먼저 이해해야 합니다. 상제 개념은 상나라 때 제작된 갑골복사(甲骨卜辭)에 나타나 있으므로, 이러한 갑골복사를 분석하는 것이 중요합니다. 이를 통해 당시 중국인들이 상제라는 신적인 존재를 어떻게 인식했는지, 그리고 주나라 시대로 넘어오면서 이러한 신앙 체계가 어떤 변화가 찾아왔는지 들여다보겠습니다.

상(商) 왕조:
거북이 배딱지의 균열로 상제(上帝)의 뜻을 엿보다

갑골복사는 거북이의 배딱지[(腹)甲]와 큰 동물의 어깨뼈[(肩胛)骨]에 새겨진 문자로, 그 내용이 점친 결과를 기록한 것이기에 복사(卜辭)라 불립니다. 갑골복사의 형성 과정은 크게 세 단계로 나눌 수 있습니다. 준비, 점치기, 그리고 기록입니다. 먼저 준비 단계에서는 점을 칠 때 사용할 거북이 배딱지를 준비하고 관리합니다. 거북이를 잡아 배딱지를 분리한 후, 표면의 울퉁불퉁한 부분을 사포로 매끄럽게 다듬고, 세로로 약 1cm 정도의 홈을 파서 건조 및 보관합니다. 점치는 단계는 점을 치고 그 결과를 해석하는 과정으로 구성됩니다. 정인(貞人)이라 불리는 점치는 주관자는 준비된 배딱지에 열을 가해, 홈을 따라 '卜' 자 모양의 균열을 만듭니다. 이러한 점치는 행위는 전쟁, 이사, 결혼과 같은 중요한 일뿐만 아니라 일상적인 사소한 문제에서도 이루어졌습니다. 배딱지에 생긴 균열을 통해 길흉을 판단하는 해석 작업은 오직 상나라 왕이 수행할 수 있었습니다. 마지막으로 기록 단계에서는 점을 친 상황, 날짜, 정인의 이름, 왕의 해석과 그 해석이 실제로 맞았는지를 배딱지에 문서로 새깁니다. 이렇게 기록된 갑골복사는 당시 상제의 뜻을 엿보려는 상나라 사람들의 신앙과 의식을 엿볼 수 있는 중요한 자료로 남게 되었습니다.

이쯤에서 두 가지 의문이 생길 수 있습니다. 첫째, 누구에게 점을 친 것인가? 둘째, 왜 상나라 왕만이 거북이 배딱지의 균열에 담긴 의미를 해석할 수 있었는가? 첫 번째 질문의 답은 상제(上帝)입니다. 오늘날의 언어로 쉽게 설명하자면, 상제는 하느님[천(天)] 또는 신(神)과 같은 존재였습니다. 상나라 사람들에게 상제는 자연, 인간, 사회를 모두 주관하는 최고 주재자였습니다. 두 번째 질문의 답은 상제가 상나라 왕족의 조상신이었기 때문입니다. 상제 역시 '자(子)' 씨 성을 가지고 있었고, 그의 후손인 상나라 왕에게만 해석의 독점적 권한이 주어졌던 것입니다.

정리하자면, 갑골복사는 상나라 사람들이 신과 같은 존재인 상제에게 점을 치고 그의 응답(거북이 배딱지의 균열)을 받아 그들의 판단과 행동을 조정한 기록이라고 할 수 있습니다. 갑골복사는 당시 사람들이 자연과 맞닥뜨린 문제이든 인간들 사이에서 생긴 문제이든 그 문제 상황을 판단하고 처리하는 최종 결정권을 상제에게 양도한 결과로써 만들어진 셈입니다. 마지막으로, 상제의 응답을 해독할 권한이 상나라 왕족에게만 있었다는 점을 재차 강조하고 싶습니다. 바로 다음에 나오는 '천명미상'의 의미를 파악하는 데 이 사실이 핵심적인 역할을 하기 때문입니다.

주(周) 왕조:
나를 가꾸고 세상을 도와 하늘의 부름을 받는다

기원전 1046년경, 고대 중국에 역사적인 대사건이 일어났습니다. 신과 같은 존재인 상제의 뜻에 따라 왕조를 유지하며 마치 영원할 것 같았던 자(子) 씨의 상나라가 멸망하고, 새로운 왕조인 희(姬) 씨의 주(周)나라가 들어선 것입니다.

주나라의 건국자들은 상나라를 군사적으로 정복하는 것 이상의 과제를 떠안고 있었습니다. 상나라와 상제의 혈연적 관계, 즉 상제의 후손인 자 씨만이 왕이 될 수 있다는 고정관념을 깨뜨려야 했습니다. 오늘날처럼 인터넷이 전 세계를 연결하는 시대에도 가짜뉴스 하나를 바로잡는 것이 얼마나 어려운지 우리는 잘 알고 있습니다. 하물며 교통수단도 제대로 발달하지 않은 기원전 11세기에, 500년 이상 사람들의 마음속에 깊이 뿌리박힌 신념을 무너뜨리려면 얼마나 혁신적인 발상의 전환이 필요했을까요?

이때 주나라가 내세운 것이 바로 '천명미상(天命靡常)'이었습니다. '천명미상'은 하늘의 명령은 일정하지 않다는 뜻으로, 하늘이 내린 명령이 절대불변이 아니라는 것을 의미합니다. 즉, 하늘은 언제든 그 명령을 바꿀 수 있으며, 특정 가문이나 왕조에 내린 하늘의 명령이 영원하지 않다는 것입니다. 구체적으로는, 하늘이 지상의 통치자를 선택한 대리자를 언제든지 교체할 수 있다는 의미를 담고 있었습니다.

이 대목에서 주나라 건국 주체들은 새로운 과제와 마주하게 됩니다. 그들은 하늘이 자신들을 지상의 새로운 대리자로 선택한 이유가 무엇인가를 해명해야만 했습니다. 그 해명이 바로 '명덕보민(明德保民)'[2] 이었습니다. '명덕보민'은 자신의 덕을 닦고 밝혀 백성들을 보호하는 것을 의미합니다.

먼저, '명덕'은 쉽게 말해 스스로를 가꾸는 것을 뜻합니다. 태어났을 때의 나는 아직 다듬어지지 않은 원석과 같습니다. 이 원석을 어떻게 조각하느냐에 따라 결과물이 완전히 달라지듯이, 명덕은 내 안에 잠재된 가능성을 긍정적인 방향으로 발굴하고 현실화시키는 과정입니다. 이를 위해 대표적으로 내면을 수양하거나 좋은 본보기를 따라 좋은 습관을 형성하는 방법이 있습니다.

다음으로 '보민'은 오늘날의 말로 하면 국민의 민생을 돌보는 것입니다. 하지만 보민은 명덕의 과정을 전제로만 성립할 수 있습니다. 즉, 인간다운 성품을 갖추기 위한 훈련과 수양을 거치지 않으면 보민은 불가능합니다. 보민은 수양을 통해 나를 가꾸고 완성한 후, 그 성취를 내 개인에 그치지 않고 가족, 사회, 나아가 국가의 발전에 이바지하는 것을 의미합니다.

이 관점에서 보면, 상나라에서 주나라로의 왕조 교체는 상나라 왕족이 자신들의 덕성을 기르는 데 소홀했으며, 백성들의 복리에 관한 관심도 부족했기 때문입니다. 상나라 왕족은 자신들의 덕성을 기르는 데 소홀했으며, 백성들의 복리에 대한 관심도 부족했습니다. 반면, 주나라 건국자들은 자신의 덕을 닦고 백성들의 삶의 질을 향상시키는 데에 힘을 쏟았습니다. 이러한 노력이 천명을 상나라 자 씨 왕족에서 주나라의 희씨 왕족에게 이양되게 만든 결정적 요인이 되었습니다.

주나라의 천명미상과 명덕보민은 상나라의 상제 관념과 차이점이 있으면서도 본질적으로는 유사합니다. 차이점부터 보면, 상나라는 상제가 지배했지만 주나라는 천명(天命)이 그 역할을 대신했습니다. 상제 관념은 혈통에 중점을 두었지만, 천명미상과 명덕보민은 개인의 덕성과 수양에 초점을 맞춥니다. 상제 관념에서는 하늘의 명령을 받는 자가 정해져 있지만, 천명미상과 명덕보민에서는 하늘의 명령을 받는 자가 특정되지 않았습니다. 이러한 차이에도 불구하고 두 관념은 본질적으로 동일합니다. 받을 데가 특정되어 있든 매번 새롭게 선택되든, 결국 아직도 인간사의 최종 결정권자가 상제나 천이기 때문입니다. 그 당시 사람들은 여전히 인간 운명이 하늘의 뜻에 달려 있다고 믿었습니다.

춘추(春秋)시대:
분봉제(分封制)가 무너지고 패자(霸者)가 등장하다

주(周)나라는 기원전 1046년에 상나라를 멸망시키고 세워졌습니다. 초대 왕인 무왕(武王)은 오늘날의 중국 서안 부근인 호경(鎬京)으로 도읍을 정했습니다. 무왕은 호경 주변 지역을 자신의 직속 영지로 삼아 직접 통치하였고, 나머지 국토와 주민들은 주나라 건국 주체들을 제후(諸侯)로 임명하여 나누어 다스리게 하는 분봉제(分封制)를 시행했습니다.

제후에는 동성제후(同姓諸侯)와 이성제후(異姓諸侯) 두 종류가 있었습니다. 희(姬) 씨 성을 가진 제후는 주 무왕과 같은 성을 공유했기 때문에 동성제후에 속했습니다. 반면, 강태공(姜太公) 여상(呂尙)과 같이 주 무왕과 성이 다른 제후는 이성제후로 분류되었습니다. 같은 제후라 해도 두 집단 간에는 분명한 차이가 있었습니다. 이성제후는 주로 호경에서 비교적 먼 지역, 그리고 농사에 적합하지 않은 땅을 분봉 받았던 반면, 동성제후는 왕의 직속 영지에 인접한 비옥한 땅을 분봉 받았습니다. 물론, 이러한 혜택에는 책임도 따랐습니다. 동성제후는 외부의 침략이나 내란과 같은 위급한 상황에서 주왕과 호경을 방어하는 일차적인 방어선 역할을 해야 했습니다.

제후들은 주나라 왕과 마찬가지로 자신의 직속 영지만 직접 통치하고, 나머지 땅과 주민들은 그들의 신하인 경(卿)과 대부(大夫)에게 나누어 통치하게 했습니다. 이렇게 하여 천자(天子)에서 시작해 제후, 경, 대부로 이어지는 피라미드 형태의 지배 체계가 형성되었습니다. 따라서 주나라가 평안하다는 것은 주왕을 정점으로 한 이 피라미드식 지배 체계가 제대로 작동하고 있음을 의미하며, 반대로 주나라가 혼란스럽다는 것은 이 체계가 흔들리거나 붕괴하고 있음을 나타냅니다.

춘추(春秋: 기원전 770~453)시대의 도래는 주나라의 지배 체계가 붕괴하였음을 사람들이 인정한 것과 같습니다. 기원전 771년에 서방의 유목민인 견융(犬戎)이 호경을 침략하여 주 유왕(幽王)을 살해했습니다. 이듬해 주 왕실은 호경을 떠나 동쪽의 낙읍(洛邑, 오늘날의 낙양 부근)으로 피신하게 되었고, 이 사건을 계기로 춘추시대가 시작되었습니다. 원칙적으로 제후들은 위기에 처한 주왕을 도와야 했으나, 이성제후는 물론 동성제후들조차 주왕을 보호하지 않았습니다. 이는 주나라 건국 세력이 공들여 정립한 피라미드식 지배 체계가 이미 제 역할을 다하지 못하고 있었음을 명백히 보여준 사건입니다.

춘추시대는 과도기입니다. 이 시기를 과도기라 부르는 이유는 주나라가 세운 분봉제라는 기존 질서가 붕괴하였지만, 새로운 질서인 진시황(秦始皇)의 '황제 중심의 중앙집권체제'인 군현제(郡縣制)가 아직 확립되지 않았기 때문입니다. 대신 이 과도기에는 새로운 질서가 나타났는데, 그것이 바로 패자(霸者)의 등장이었습니다.

춘추시대의 '패자'란 왕은 아니지만 주나라 왕이 해야 할 일을 대신할 만큼 강력한 권력을 가진 제후를 의미합니다. 패자는 일반 제후들보다 높은 자리에 군림하면서 제후국 간의 분쟁과 대립을 조정하고 중재하는 역할을 도맡았습니다. 왕 노릇을 주나라 왕이 아닌 패자인 제후가 실질적으로 하고 있었기에 이 시기를 주나라와 구별하여 춘추시대라 이름을 붙인 것입니다. 그러나 패자를 왕이라 칭하지 않았던 이유는 패자인 제후들이 힘을 잃은 주왕의 명목상 혹은 상징적 권위만은 끝내 유지해 주었기 때문입니다. 패자들은 주왕의 마지막 남은 권위를 유지해 주었고, 더 나아가 권위를 잃은 주왕을 보호하고, 왕을 대신하여 주나라를 위협하는 다른 세력들을 토벌하였습니다. '존왕양이(尊王攘夷)'라 합니다. 즉, 패자들은 주왕의 마지막 숨통만은 끊지 않았던 것입니다.

철학의 여명기:
천명의 시대에서 인간의 시대로

춘추시대에 패자 다섯 명이 등장하였다고 하여 이들을 춘추오패(春秋五霸)라고 부릅니다. 그중 가장 먼저 패자의 지위에 오른 인물은 제(齊)나라 15대 제후인 환공(桓公: 기원전 716~643)입니다. 제나라는 이성제후였던 강태공이 분봉 받아 세운 제후국으로 도읍인 호경에서 동쪽으로 가장 멀리 떨어진 지역, 오늘날의 산둥(山東)반도 부근에 위치해 있었습니다. 당시 이 지역은 돌로 만든 농기구로는 농사가 어려운 척박한 땅이었지만, 역설적으로도 바로 이 열악한 땅에서 최초의 패자가 탄생한 것입니다.

제환공이 최초의 패자로 등극하게 된 배경에는 관중(管仲: 기원전?~645 추정)이라는 인물을 빼놓고 설명할 수 없습니다. 관중은 제환공의 조정에서 사실상 전권을 위임받아 제나라의 부국강병을 성공적으로 이끈 인물이었습니다. 철저한 실용주의자이자 현실주의자였던 관중은 제나라를 경제적으로나 군사적으로 강력한 국가로 만들기 위해서는 외부의 사람들을 제나라로 얼마나 많이 불러들일 수 있는가가 핵심이라는 점을 일찌감치 깨달았습니다. 그래서 그는 당시 위정자들이 천명과 지배 계층 내의 권력 다툼에 몰두할 때, 하층 계급인 '민(民)'의 잠재력에 주목했습니다. 관중의 이러한 전략적 통찰이 제나라를 강대국으로 이끄는 중요한 요인이 되었습니다.

동아시아 역사에서 기원전 7세기는 철기의 사용이 점차 확대되던 시기입니다. 제나라처럼 청동기 시절에는 농사를 지을 수 없었던 척박한 땅도 철기를 사용하면서 경작지가 늘어나기 시작했습니다. 이제 중요한 과제는 그 불모의 땅을 개간할 노동력, 즉 민중을 어떻게 확보하느냐였습니다. 민중은 단순히 노동력의 원천일 뿐만 아니라, 전투력의 근간이기도 했습니다. 당시에는 현대식 살상 무기가 없었기 때문에 전쟁의 승패는 주로 병사의 숫자에 의해 결정되었습니다. 이러한 상황에서 관중이 특히 주목한 것은 굶주림이나 다양한 이유로 다른 제후국에서 도망쳐 나온 은민(隱民)들이었습니다. 관중은 은민을 더 많이 확보하기 위해 선구적인 토지개혁과 인재 등용 정책을 시행하였고, 이를 통해 제나라의 경제력과 군사력을 크게 강화할 수 있었습니다.

관중은 먼저 토지개혁의 일환으로 세금 제도에 변화를 주었습니다. 기존에 일률적으로 징수되던 세금을 토지의 비옥도에 따라 차등적으로 부과하는 '상지이최징(相地而衰征)'[3] 제도를 도입한 것입니다. 이 제도는 효율적인 자원 배분을 촉진하고, 농민들에게 토지를 개간하고 경작할 동기를 제공하는 데 크게 기여했습니다. 또한, 관중은 '존현육재(尊賢育才)'를 주장하여 혈연이나 신분에 구애받지 않고 능력 있는 인재를 등용하는 정책을 추진했습니다. 이러한 정책 덕분에 제나라로 유입되는 은민의 수가 증가했고, 그에 따라 국가의 경쟁력도 강화되었습니다. 이러한 배경 속에서 제환공은 춘추시대 최초의 패자로 등극할 수 있었습니다.[4]

관중의 정책을 통해 우리는 역사가 새로운 방향으로 전개되고 있음을 명확히 알 수 있습니다. 춘추시대 이전에는 사회적 문제든 개인 간의 문제든, 사람들은 상제나 천명에 의지해 해결책을 모색했습니다. 그러나 춘추시대의 사회 변동과 특히 관중의 정책을 통해 모든 사회적 문제를 해결하는 주체가 바로 인간이라는 자각이 싹트기 시작했습니다. 이제 인간은 인간사(人間事)의 최종 결정권자가 상제나 천명이 아닌 인간 자신임을 깨닫기 시작한 것입니다. 이러한 인간과 인간의 힘에 대한 새로운 자각과 이해가 점차 확산되면서 철학의 시대가 열리게 됩니다. 다시 말해, 철학은 천명의 시대로부터 인간의 시대로 전환되는 그 지점에서 시작되었다고 할 수 있습니다.

철학이 인간에 대한 새로운 자각과 이해로부터 생겨났다는 사실을 보여주는 좋은 예가 바로 공자(孔子: 기원전 551~479)의 철학입니다. 공자는 그의 철학적 사명을 천(天)과 천명(天命)에 집중되어 있던 사람들의 관심을 '사람과 사람들 사이의 문제 해결'로 옮기는 데 두었습니다. 예를 들어, 그의 제자 계로(季路)가 귀신 섬기는 일에 대해 물었을 때, 공자는 "아직 사람조차 섬기지 못하는데 어떻게 귀신을 섬길 수 있으리오."[5]라고 답했고, 죽음에 대해 묻자 "아직 삶조차 모르는데 어떻게 죽음을 알리오."[6]라고 대답했습니다. 또한, 공자는 평천하(平天下)의 이상을 실현하기 위해 천하를 주유하다가 조소를 당했을 때도 억울해하기보다는 다시 사람들 속으로 돌아가 그들과 함께하려는 길을 택했습니다.[7] 이처럼 철학이라는 꽃은 천명의 시대에서 인간의 시대로 전환되는 바로 그 시기에 비로소 개화하기 시작했던 것입니다.

강의 노트

2장에서는 고대 중국의 사례를 통해 인간의 근본적 주안점이 신에서 인간으로 옮겨오는 전환 시기에 철학이 시작되었음을 확인하였습니다. 이를 위해, 먼저 갑골복사의 형성과 상제 관념을 살펴보고, 이어서 주나라 건국 사상인 천명미상과 명덕보민, 그리고 분봉제라는 통치체제를 분석하였습니다. 또한, 춘추시대의 개막과 제환공의 패자등극, 그리고 그 과정에서 중요한 역할을 한 관중의 활약까지 간략히 다루었습니다.

3장 과학과 종교 그리고 철학

첫걸음

'기아 타이거즈'라는 야구팀을 다들 아실 것입니다. 기아의 장단점을 단독으로 분석하고 평가할 수도 있지만, 이를 'LG 트윈스'나 '롯데 자이언츠'와 같은 다른 팀들과 비교하여 분석한다면 훨씬 더 생동감 있는 평가가 이루어질 것입니다. 이러한 관점에서, 3장에서는 철학을 과학과 종교와 비교해 보려 합니다. 과학과 철학 사이의 공통점과 차이점, 그리고 종교와 철학 사이의 교차점과 메울 수 없는 간격을 탐구하는 작업을 통해 철학이 어떤 학문인지 설명드리겠습니다. 과학이나 종교로는 담아낼 수 없는 철학만의 독특한 차원을 보여줄 수 있으리라 기대합니다.

철학과 과학:
모든 것을 알고자 탐구하다

과학과 철학의 가장 근본적인 공통점은 '알고 싶어 한다'라는 것입니다. 하지만 그저 알고 싶어 하는 것이 아니라, 대상이 무엇이든지 '빠짐없이' 혹은 '모두' 알고 싶어 한다는 점이 특징입니다. 공간적으로는 소립자에서 우주의 경계 너머까지를, 시간상으로는 과거, 현재, 미래를 관통해서 말이죠.

과학에서 이를 잘 보여주는 사례가 1665년 영국의 물리학자 아이작 뉴턴(Isaac Newton, 1642~1727)이 발견한 '만유인력의 법칙'입니다. 이 법칙이 설명하는 바는 질량을 지닌 '모든' 물체 간에는 서로를 끌어당기는 힘이 존재하며, 그 크기는 두 물체의 질량에 비례하고, 두 물체 중심 사이 거리의 제곱에 반비례한다는 점입니다. 이 법칙은 우주에 존재하는 모든 질량을 가진 물체의 운동을 설명할 수 있으며, 현재뿐만 아니라 과거와 미래에 존재할 모든 물체에 대해서도 적용됩니다. 이처럼 과학은 '빠짐없는' 앎을 추구합니다.[1)]

철학의 좋은 예로 플라톤(Platon, 기원전 427~기원전 347)의 '이데아론'을 들 수 있습니다. 플라톤의 이데아론에서는 이데아의 세계와 인간이 사는 세계를 분리하여, 이데아의 세계를 진짜로 규정하고 인간이 사는 세상을 가짜인 복제물로 간주합니다. 즉, 이데아의 세계는 본질적이고 완전한 실재인 반면, 우리가 사는 세상은 그 본질의 모방에 불과하다는 것입니다. 이 이론은 우리가 사는 세계에 존재하는 '모든 것'이 어디에서 비롯되었고 어떻게 존재하게 되었는지를 해명합니다. 예를 들어, 인간 세계의 '똥통'조차도 '똥통의 이데아'에서 복제되어 존재하게 된다는 것입니다. 플라톤은 이데아론을 창안함으로써 세계를 빠짐없이 알고 설명해야 하는 철학의 사명을 충실히 이행한 셈입니다.[2)]

과학과 철학의 또 하나의 공통점은 사람들이 당연하게 여기는 일상적 지식이나 상식에 의문을 제기한다는 점입니다. 김상환은 이를 '삐딱하게 바라보기'라고 부릅니다. 비록 세간의 상식과 지식이 일상생활에서 큰 문제를 일으키지 않더라도, 이를 비판적으로 바라보는 태도가 과학자와 철학자가 가져야 할 기본적인 자세입니다. 코페르니쿠스(Nicolaus Copernicus, 1473~1543)와 데카르트(René Descartes, 1596~1650)가 보여준 태도는 이러한 삐딱한 시선의 대표적인 예입니다.

1543년에 출간된 『천체의 회전에 관하여』에서 코페르니쿠스는 태양을 중심으로 지구를 포함한 행성들이 태양 주위를 돈다는 지동설을 처음으로 제시했습니다. 이 혁신적인 이론은 단순히 천체관측과 궤도 계산에만 의존한 것이 아니었습니다. 호모 사피엔스가 출현한 이래 약 20만 년 동안 진리로 여겨졌던 천동설을 코페르니쿠스가 의심하지 않았다면, 지동설은 애초에 등장할 수 없었을 것입니다. 모두가 믿는 당연한 상식조차 의심하는 것이 바로 과학의 길이자, 과학자의 태도입니다.

"나는 생각한다. 고로 나는 존재한다."라는 명제로 잘 알려진 르네

데카르트는 17세기 프랑스의 수학자, 물리학자, 생리학자이며 '근대 철학의 아버지'로 불립니다. 데카르트는 정신과 육체가 밀접하게 연결되어 있다는 상식에 의문을 제기했습니다. 이는 우리가 일상에서 경험하는 바와는 매우 다른 주장입니다. 예를 들어, 정신적으로 스트레스를 받으면 신체적으로는 혈압과 심박수가 증가하고, 면역 체계가 손상되기도 합니다. 반대로, 신체적 통증이 있으면 정신적으로 예민해지고 쉽게 짜증을 내게 됩니다. 이처럼 정신과 육체의 연관성은 우리의 일상 경험에서 분명히 드러나지만, 데카르트는 그럼에도 불구하고 이러한 연관성에 의문을 던졌습니다.

데카르트는 정신과 육체의 속성 차이에 근거하여 논의를 전개합니다. 정신의 속성은 시공간을 차지하지 않는 반면, 육체는 물체로서 시공간을 점유합니다. 쉽게 말해, 시공간을 점유하는 육체는 만질 수도, 만져질 수도 있지만, 시공간을 점유하지 않는 정신은 만질 수도, 만져질 수도 없다는 것입니다. 그렇다면 어떻게 만질 수 있는 육체가 만질 수 없는 정신에 영향을 미칠 수 있느냐, 또는 그 반대의 경우가 어떻게 가능한가가 데카르트의 의문입니다. 이러한 문제를 철학에서는 '심신문제(心身問題)'라고 부르며, 데카르트는 여기서 '심신이원론(心身二元論)'을 주장했습니다. 이 입장에 따르면, 마음과 몸은 서로 독립적이어서 하나가 다른 쪽으로 환원되거나, 서로 영향을 주고받지 않는다는 것입니다.

사실 이런 문제는 철학자들이 의식적으로 제기하지 않는 한 문제가 되지 않았을 것입니다. 앞서 언급했듯이, 우리 모두는 일상에서 몸과 마음이 연결되어 있음을 경험하고 있습니다. 근데 어떻게 몸과 마음이 상호 작용할 수 없다고 주장할 수 있겠습니까? 그럼에도 불구하고 이러한 주장을 하는 이유는 철학자의 소명이 '일단 의심부터 하는 것'에서 시작되기 때문입니다. 철학자는 의심하고 회의하는 과정을 거쳐야만 직성이 풀립니다.

또한, 과학과 철학의 또 하나의 공통점은 '이론적 체계의 구축'을 추구한다는 점입니다. 철학에서는 『조선왕조실록(朝鮮王朝實錄)』을, 과학에서는 16세기에 활약한 덴마크의 천문학자 티코 브라헤(Tycho Brahe, 1546~1601)를 사례로 삼아 이 주제를 풀어나가겠습니다.

『조선왕조실록』은 조선왕조의 시조인 태조부터 철종까지 472년간의 역사를 편년체(연월일 순서)에 따라 기록한 방대한 역사서로, 총 1,893권 888책에 이릅니다. 이 실록은 왕조의 일분만 아니라 정치, 경제, 사회, 문화, 천재지변 등 다방면의 자료를 빠짐없이 수록하고 있어 종합 사료로서도 높은 가치를 지닙니다. 특히, 『조선왕조실록』은 세계 어느 나라의 실록보다 내용이 충실하다는 평가를 받는데, 이는 왜곡이나 누락이 거의 없기 때문입니다. 이러한 충실함은 조선왕조가 후손 왕이 선대 기록을 볼 수 없도록 하는 원칙을 엄격히 지켰던 결과로, 역사적 정확성을 확보하는 데 기여했습니다.

그러나 이처럼 하루하루의 기록이 아무리 충실하고 세밀하며 왜곡이나 누락이 없더라도, 그것은 결국 특정 날짜에 무슨 일이 일어났는지를 나열한 '단편들의 더미'에 불과합니다. 『조선왕조실록』이 철학적으로 더 가치 있는 자료로 활용되기 위해서는 이러한 단편적 사실들로부터 일반적인 법칙이나 원리를 찾아내려는 고도의 추상화 작업이 뒤따라야 합니다. 조선시대에는 왕권과 신권이 끊임없이 반목하며 세 차례의 사화가 발생했습니다. 그렇다면, 사화들이 언제 발생했고 어떤 양상을 보였는지를 단순히 나열하는 것이 중요할까요, 아니면 사화가 일어날 수밖에 없었던 근본적인 이유와 원인을 찾아내는 작업이 더 중요할까요? 만약 사화의 근본적인 이유를 파악하지 못한다면, 그러한 갈등은 반복될 것이며 우리는 역사에서 아무런 교훈이나 갈등 해결의 방안을 얻지 못할 것입니다. 따라서 『조선왕조실록』을 단순한 '기록의 흔적'이나 '자료 더미'로 남기지 않고, 역사에서 의미 있는 교훈을 추출하기 위해서는 추상화를 통한 이론적 체계 구축이 필수적입니다.

참고로, 추상화 작업이란 유사한 사례들을 모아 근본적인 부분과 그렇지 않은 부분을 나누고, 나머지는 모두 버린 뒤 오직 근본적인 부분만을 뽑아내는 고도의 사유 작용을 의미합니다. 추상화를 통해 이론적 체계를 구축하는 데 필요한 필수 요소를 도출할 수 있습니다. 그래서 자료의 가치를 높이고 승화시키기 위해서는 반드시 추상화 작업을 거쳐야 한다고 강조한 것입니다.

이것은 철학뿐만 아니라 과학에서도 마찬가지입니다. 사람들은 흔히 케플러(Johannes Kepler, 1571~1630)의 이름과 그의 법칙은 들어봤을지 모르지만, 브라헤(Tycho Brahe)의 이름은 잘 알지 못합니다. 그러나 16세기 당시 명성을 떨친 천문학자이자 관측학자는 바로 브라헤였고, 케플러는 그의 조수에 불과했습니다. 그렇다면 어떻게 브라헤는 잊히고 케플러만이 우리의 기억 속에 깊이 자리 잡게 되었을까요? 그 이유는 케플러가 행성 운동에 관한 세 가지 법칙을 발표했기 때문입니다. 스승인 브라헤는 자료를 수집하는 데 그쳤지만, 제자이자 조수였던 케플러는 그 자료로부터 '법칙'을 발견해 냈습니다. 이 차이가 두 사람의 역사적 위상을 결정지은 것입니다.3)

철학 대 과학: 지식을 다루는 방식의 차이

야구에 도루(盜壘)라는 작전이 있습니다. 도루는 주자가 수비팀의 허점을 틈타 다음 베이스로 이동하는 전략입니다. 그러므로 도루의 성공 조건으로는 주자의 주력이 빠른지, 다음 베이스를 향하는 출발이 좋은지, 그리고 투수의 투구 동작을 예측하여 투구 타이밍을 뺏을 수 있는지 등이 꼽힙니다. 반면, 수비팀이 도루를 막으려면 투수의 투구 동작을 간결하고 신속하게 해야 하는데, 이를 '퀵 모션(quick motion)'이라고 부릅니다. 그러니까 도루를 허용하지 않기 위해서는 '퀵 모션'의 속도가 관건입니다.

그런데 말입니다. "빠르다"거나 "느리다"라는 표현은 너무 막연하지 않나요? 그러니까 투수의 '퀵 모션'이 어느 정도로 빠를 때 상대의 도루를 효과적으로 막아낼 수 있느냐는 것입니다. 이론적으로는 투수의 투구 동작으로부터 포수 미트에 공이 들어가는 데까지 걸리는 시간이 1.3초 이내이면 도루의 성공 가능성이 없다고 합니다. 실제로

야구장에서나 경기를 시청할 때, 감독들이 한 손에 스톱워치를 들고 있는 모습을 자주 볼 수 있는데, 이는 이 1.3초라는 수치를 기준으로 투수의 퀵 모션 속도를 재기 위해서입니다.

이처럼 도루 시도를 결정할 때 단순히 투수의 퀵 모션이 빠르다거나 느리다는 느낌에 의존하지 않고, 이를 수치로 나타내는 것을 '수량화' 또는 '정량화'라고 합니다. 정량화는 과학이 가진 특징 중 가장 중요한 특징입니다. 지식을 수치로 표현하고, 이를 정량적으로 사고하는 것이 과학자의 중요한 태도입니다. 극단적으로 말하자면, 정량화할 수 없다면 그것은 아직 과학적 지식이라고 할 수 없습니다.

과학이 수치나 수식을 사용한다면, 철학에서는 무엇을 사용할까요? 철학은 수식 대신 언어를 사용합니다. 물론 현대논리학과 같은 일부 철학 분야에서는 언어의 애매성을 줄이기 위해 인위적인 기호나 수식을 사용하는 경우도 있습니다. 이러한 철학 논문들은 기호와 수식으로만 구성되기도 하지만, 이는 어디까지나 예외적인 경우입니다. 기본적으로 철학은 언어를 통해 사고를 전개하고 논리를 펼칩니다. 다만 여기에 한 가지 조건이 있습니다. 철학에서 언어를 사용할 때는 반드시 '논리적으로' 사용해야 한다는 점입니다. 예를 들어, "사람은 죽는다.", "소크라테스는 사람이다."라는 전제를 인정하면서도 "소크라테스는 죽지 않는다."라고 주장할 수는 없습니다. 논리적으로 일관되지 않기 때문입니다.

물론 논리의 종류는 다양합니다. '논리적'이라는 것은, 논의의 시작부터 결론까지 해당 철학 체계가 채택한 '논리 방식'을 일관되게 유지했는지를 의미합니다. 만약 논의 중에 그 논리 방식을 벗어난다면, 벗어난 이유를 명확히 해명해야 합니다. 이를 해명하지 못하거나 논리적 일관성을 유지하지 못하면, 그 논의는 논리적이지 않다는 평가를 받으며 폐기됩니다. 즉, 철학에서 마음 가는 대로 또는 직관에 따라 언어를 사용하는 것은 용납되지 않습니다. 누군가가 자신의 생각이나 주장을 논리적으로 전개하지 못하면, 그것은 단순한 개인의 의견일 뿐 철학이 될 수 없습니다. 지식을 정량화하지 못하면 과학이 될 수 없듯이, 논리적 전개가 없는 주장 또한 철학으로 인정될 수 없습니다.

이상의 논의를 정리하면 다음과 같습니다. 과학은 발견된 지식을 수식으로 표현하고, 철학은 언어로 표현합니다. 따라서 과학과 철학의 첫 번째 차이점은 지식을 '정량화'하느냐 '논리화'하느냐에 따라 구분된다고 할 수 있습니다.[4)]

과학과 철학의 두 번째 차이점은 질문의 초점이 서로 다른 지점에 맞춰져 있다는 점입니다. 과학은 주로 '어떻게'로 시작하는 질문에 강점을 지니고, 철학은 '왜'로 시작하는 질문에 강점을 보입니다. 이 말은 과학과 철학이 각기 다른 유형의 질문을 다루며, 그에 따라 접근 방식도 달라진다는 의미입니다.

예를 들어, '사람은 어떻게 건강하게 오래 살 수 있을까?'라는 질문을 생각해 보겠습니다. 이 질문에 적합한 답변을 철학이 내놓을까요, 과학이 내놓을까요? 다들 아시다시피, 이 질문에는 과학이 철학보다 더 구체적으로 답할 수 있습니다. 과학은 운동, 영양, 스트레스 관리, 마음가짐 등 건강을 오래 유지하는 방법을 구체적이고 세세하게 알려줄 수 있기 때문입니다.

반면, '사람은 왜 살아야 하나요?'라는 질문을 던진다면, 과학과 철학은 어떻게 반응할까요? 아마도 과학은 이 질문에 대해 침묵할 가능성이 큽니다. 왜냐하면 이 문제는 관찰이나 실험을 통해 답을 찾을 수 없는 영역에 속하기 때문입니다. 그러나 철학은 다릅니다. 철학자들은 생로병사나 사회적 갈등 같은 인간 삶에 관한 근본적인 문제들의 해결책을 관찰이나 실험에 의존해서 도출하지 않아도 됩니다. 철학자들은 이런 근본적인 문제들을 순수 사유를 통해 탐색하는 방식을 사용하기도 합니다. 다만 철학자들은 각기 다른 시대와 문화적 배경 속에서 사고했기 때문에 그들이 내놓는 답변과 관점은 매우 다양하며, 단일한 '정답'을 제시하기는 어렵습니다.

이처럼 과학과 철학은 중점을 두는 방향이 다릅니다. 과학은 '어떻게'에, 철학은 '왜'에 집중합니다. 물론 철학도 '어떻게'를, 과학도 '왜'를 묻지만, 철학은 '왜'에 더 깊이 파고들고, 과학은 '어떻게'를 더 구체적으로 다루기 때문에 이 차이는 명확하게 드러납니다.[5)]

철학과 종교:
의미와 궁극적 실재라는 교차점

철학은 과학과 달리, '왜 사는가?'에 대해 다양한 답을 제시합니다. 과학이 우리가 사는 세상을 설명하는 데 중점을 둔다면, 철학은 그 세상이 우리에게 어떤 의미를 가지는지를 탐구합니다. 그런데 철학만큼, 아니 정확히는 철학보다 더 '의미를 추구'하는 분야가 있습니다. 바로 종교입니다. 철학과 종교의 첫 번째로 교차하는 지점에는 '의미의 추구'가 놓여 있습니다.

종교와 철학이 또 하나 교차하는 지점은 '궁극적 실재(신 또는 절대자)'를 논의의 대상으로 삼는다는 점입니다. 불교를 제외한 대부분 종교는 신적 실재를 전제로 합니다. 만약 이러한 실재가 없다면 그것은 종교라 부르기 어려울 정도입니다. 종교를 제외하고 이 궁극적 실재의 존재를 긍정하거나 부정하며 논의하는 거의 유일한 학문은 철학입니다. 관찰과 실험을 넘어선, 감각을 초월한 이런 실재에 대해 질문하고 사유할 수 있는 영역은 종교와 철학뿐이라고 해도 과언이 아닙니다.

'궁극적 실재'를 자세히 풀면 다음과 같습니다. 첫째, 궁극적 실재란 존재하는 모든 것의 근원이자 이유입니다. 존재하는 모든 것은 '궁극적 실재'로부터 비롯되었습니다. 둘째, 궁극적 실재란 스스로 존재하며 다른 어떤 존재에도 의존하지 않습니다. 만약 궁극적 실재를 존재하게 한 또 다른 존재가 있다면, 그 존재야말로 진정한 '궁극'이겠지요. 궁극보다 더 궁극이라는 말은 애초에 성립될 수 없기 때문에, 궁극적 실재란 독립적으로 스스로 존재해야 합니다. 셋째, 궁극적 실재란 시간의 흐름을 초월해야 합니다. 빅뱅 이전에도 우주가 사라진 뒤에도 변함없이 존재합니다. 바로 이런 궁극적 실재와 관련된 논의가 철학과 종교가 교차하는 중요한 지점입니다.

철학 대 종교: 신앙과 사유의 두 갈래 길

종교와 철학은 의미를 추구하고 궁극적 실재를 논의하는 데 진심이라는 공통점이 있지만, 이 두 분야 사이에는 결코 메울 수 없는 간격이 존재합니다. 이를 이해하기 위해 우리가 모두 나쁜 행동으로 알고 있는 '절도'를 사례로 들어보겠습니다.

1장에서 철학의 가장 기본적이고 근본적인 구성 요소가 '생각'이라고 말씀드린 바 있습니다. 또한, 이번 장에서는 철학이 '왜'라는 질문을 던지는 데 특화되어 있다고도 설명했습니다. 그렇다면 철학의 관점에서 '절도'에 대해 어떤 질문이 나올 수 있을까요?

첫 번째로 던질 수 있는 질문은 "훔치는 행위 자체가 본질적으로 나쁜 것인가?"입니다. 즉, 훔치는 행위 그 자체가 나쁘기 때문에 나쁜 것인지, 아니면 그것이 나쁜 이유가 다른 데 있는지 묻는 것입니다. "훔치는 것이 사회질서를 해치기 때문에 나쁘다고 생각하는 걸까?", "도덕이나 관습이 훔치지 말라고 가르쳤기 때문에 나쁜 것일까?", "법이 금지하기 때문에 나쁜 걸까?"와 같은 질문으로 이어질 수 있습니다.

더 나아가 "대체 '나쁘다'라는 말이 정확히 무엇을 의미할까?"라는 질문도 던질 수 있습니다. 이처럼 철학은 단순히 '훔치는 행위는 나쁘다'라고 결론 내리지 않고, 그 판단의 근거와 의미를 계속해서 파고드는 경향이 있습니다. 질문을 계속하다 보면, 어느 순간에는 정말로 훔치는 행위가 나쁜 행위인지조차 의심하게 되는 상황에 이르게 됩니다. 이렇게 보면 철학은 문제를 푸는 학문이 아니라 문제를 꼬이게 만드는 학문인 셈입니다. 저 역시 이점 통감합니다.

이에 반해, 종교에서는 절도를 나쁜 행위로 규정합니다. 그렇다면 절도가 왜 나쁠까요? 종교적 관점에서는 절도가 나쁜 이유가 절도의 본질적인 특성 때문도, 절도를 용인했을 때 사회에 해가 되기 때문도 아닙니다. 신이 그 행위를 나쁜 것으로 결정했기 때문에 나쁜 것입니다. 경전에 '도둑질하지 말라'고 명시되어 있기 때문에 절도가 나쁜 것입니다.

그렇다면 왜 종교에서는 신이 나쁘다고 하면 나쁘다고 받아들이고, 신이 하라고 하면 따라야 할까요? 그 이유는 종교가 철학처럼 의심하고 따지고 묻는 영역이 아니라, 믿음에 기반한 영역이기 때문입니다. 믿음이 종교의 근간을 이루고 있기 때문에 신의 명령을 따르는 것이 필수적입니다.

이를 더 잘 이해하기 위해 이슬람교를 예로 들어보겠습니다. 이슬람교도가 된다는 것은, 오직 '알라'만이 유일한 신이며, 무함마드는 알라가 보낸 예언자임을 본인이 스스로 받아들인다는 것을 의미합니다. 이러한 믿음을 받아들였다면 이슬람의 6신(알라, 천사, 쿠란, 예언자, 최후의 심판, 정명)을 반드시 믿어야 하고, 5행(신앙 증언, 예배, 종교 부금, 금식, 성지 순례)을 반드시 실천해야 합니다.

여기서 주목할 점은 '반드시'라는 부사입니다. 이 단어는 경전에 기록된 내용이 사람의 상식으로는 도저히 받아들일 수 없거나 논리적으로 성립할 수 없는 말일지라도, 그 내용에 대해 의심하지 않고 받아들여야 한다는 뜻을 내포하고 있습니다. 앞서 언급한 예, "사람은 죽는다. 소크라테스는 사람이다. 그러므로 소크라테스는 죽지 않는다."라는 전개는 철학에서는 '비논리적'이라 여겨져 폐기된다고 말씀드린 바 있습니다. 그런데 만약 이런 구절이 종교의 경전에 쓰여 있다면 어떨까요? 그 종교의 신자에게 이 구절은 말이 안 되는 소리일까요, 아니면 진리일까요? 그렇습니다, 그 신자에게 이 구절은 '논리를 넘어서는 진리'입니다. 즉, 상식적인 수준을 초월한 '초월적 진리'로 받아들여지는 것입니다.

종교에 대한 설명이 다소 낯설게 느껴지거나 이해하기 어려운 분들도 있을 수 있습니다. 예를 들어, 영화의 한 장면을 상상해 보세요. 어떤 사람이 물 위를 걸어가고, 돌로 떡을 만들며, 걷지 못하는 사람을 걷게 하고, 심지어 죽은 사람을 다시 살려냅니다. 나아가 그 자신도 죽었다가 며칠 뒤에 되살아납니다. 이런 장면을 본 누군가는 "영화라도 어느 정도 현실성이 있어야 하지 않나?"라며 의문을 가질 수 있습니다.

그런데 사실 이 장면들은 성경에 기록된 예수님의 일화들입니다. 기독교 신자가 아닌 사람에게는 이 이야기들이 '종교에서는 흔히 있는 상징적인 이야기'로 여겨져 쉽게 넘길 수 있을지 모르지만, 기독교 신자에게는 이것이 단순히 비유나 허구가 아닙니다. 이는 상식이나 논리로는 설명할 수 없는 '기적'으로 받아들여집니다.

이 기적이 성립하는 이유는 그 신자가 이를 믿기 때문입니다. 종교는 철학처럼 논리나 이성으로 작동하는 것이 아니라 믿음과 신앙의 영역에서 작동합니다. 그렇기 때문에 이런 기적이 종교 내에서 성립되고 받아들여지는 것입니다.

지금까지의 논의를 이해했다면, 종교와 철학의 첫 번째 교차점에 대해 좀 더 구체적으로 설명할 수 있습니다. 종교와 철학은 모두 '의미를 추구'한다는 공통점을 가지고 있습니다. 그러나 의미를 찾는 방식에서는 큰 차이를 보입니다. 예를 들어, "남의 것을 탐하지 말라"는 지침을 생각해 보세요. 이 지침이 이슬람교도에게 중요한 이유는 이슬람의 경전인 쿠란에 그렇게 기록되어 있기 때문입니다. 즉, 알라가 그것을 의미 있는 지침이라고 정했기 때문에 신자들은 그것을 의심하지 않고 그대로 받아들입니다. 신의 말씀이 곧 진리로 여겨지기 때문에, 그 의미를 따로 고민할 필요가 없습니다.

반면, 철학에서는 이와는 다른 방식으로 접근합니다. 철학자는 "남의 것을 탐하지 말라"는 지침이 정말 의미가 있는 지침인지 고민합니다. 철학에서는 이 지침이 정말 의미가 있는지부터 만약 의미가 있다면 어떤 의미인지, 그 전부를 스스로 깊이 생각하고 여러 측면에서 따져보아야 합니다. 이 판단을 내리는 것 자체가 쉽지 않을 뿐만 아니라, 때로는 거의 불가능해 보일 수 있습니다. 심지어 판단을 내린 후에도 그 판단이 맞는지 끊임없이 의심하고 회의에 시달려야 합니다. 그럼에도 이 길을 걸어가는 것이 철학입니다. 내 인생을 내가 주체적으로 결정하기 위해, 다시 말해 내 인생에 어떤 의미를 스스로 부여하기 위해서는 이러한 끊임없는 고민과 어려운 결정을 감내해야만 합니다. 그렇기에 종교의 길과 철학의 길 사이에는 메울 수 없는

간격이 가로놓여 있다고 하겠습니다.[6]

마지막으로 묻고 싶습니다. 여러분 앞에 두 갈래의 길이 놓여 있습니다. 하나는 신앙을 통해 신의 존재를 체험하고 그 가르침에 따라 삶을 이끌어가는 종교의 길입니다. 다른 하나는 자기 자신의 생각과 판단에 따라 삶의 방향을 정하는 철학의 길입니다. 종교와 철학은 서로 다른 길을 제시하지만, 어느 한쪽만이 절대적으로 옳다고 단정할 수는 없습니다. 여러분은 어느 길을 선택하시겠습니까? 아니면, 둘 다 만족스럽지 않아 스스로 제3의 길을 개척하고 싶으신가요? 어느 길을 선택하든 그 선택은 여러분에게 달려 있습니다. 무언가를 선택하는 데는 큰 용기가 필요합니다. 하지만 그 선택은 우리를 성장하게 하고 삶에 새로운 의미와 목표를 부여해 줍니다. 어떤 길을 걷든 그것이 나의 선택이라면 그 길은 분명 여러분의 삶을 더 풍요롭게 만들 것입니다. 선택은 변화와 성장을 가져오며 그 자체로 우리 삶의 중요한 전환점이 될 수 있다는 말로 이 장을 마무리하겠습니다.

강의 노트

3장을 요약하면 다음과 같습니다. 이 장에서는 철학을 과학과 종교와 비교하며 철학의 독특한 길을 부각하려 했습니다. 먼저, 철학과 과학의 공통점 세 가지와 차이점 두 가지를 확인했습니다. 공통점으로는 '빠짐없이' 알고 싶어 한다는 점, 상식이나 기존 지식에 의문을 제기한다는 점, '이론적 체계'를 구축하려고 노력한다는 점을 들 수 있습니다. 차이점으로는 과학이 지식을 '정량화'하고 '어떻게'에 중점을 두는 반면, 철학은 지식을 '논리화'하며 '왜'에 초점을 맞춘다는 점입니다.

철학과 종교의 교차점과 메울 수 없는 간격도 살펴보았습니다. 두 분야는 '의미의 추구'와 '관찰과 실험을 초월한 궁극적 실재'라는 두 가지 교차점을 공유합니다. 그러나 삶의 의미와 방향을 찾는 방식에서는 근본적인 차이가 있습니다. 종교는 신의 가르침을 따르며 의미를 찾는 반면, 철학은 개인의 사유와 성찰을 통해 의미를 탐구합니다. 따라서 철학과 종교 사이에는 결코 메울 수 없는 간격이 존재합니다.

4장 고대 중국과 고대 그리스의 전통 사유 방식

첫걸음

1장에서 언급했듯이, 철학의 기본적이며 근본적인 요소는 '생각'입니다. 이 생각을 어떻게 하느냐를 우리는 '사유 방식'이라고 부릅니다. 어떤 분들은 "사람이 생각하는 건 다 비슷하지 않나?"라고 생각할 수 있습니다. 하지만 조사 범위를 동서고금으로 넓히면 사유 방식은 그 특징을 열거하기도 벅찰 만큼 다양합니다. 그래서 이 장에서는 고대 그리스와 고대 중국 전통에 기반한 두 가지 사유 방식을 통해, 서로 다른 철학적 접근법과 사고의 흐름이 어떻게 형성되었는지를 살펴보고, 이들이 인류의 철학적 유산에 어떤 영향을 미쳤는지를 탐구하고자 합니다.[1)]

고대 그리스와 고대 중국 전통의 사유 방식을 비교하기 위해, 이 장에서는 '사회심리학(social psychology)'의 연구 성과를 활용하려고 합니다. 철학에 심리학적 연구를 도입하는 것에 대해 의문을 가질 수도 있지만, 심리학의 기원을 이해하면 그 연결이 자연스럽게 느껴질 것입니다.

19세기 독일의 철학자였던 빌헬름 분트(Wilhelm Wundt, 1832~1920)는 학문적 갈증을 느꼈습니다. 그는 철학 교수였지만 생리학도 함께 공부하며, 철학적 명제들이 단순한 사유에만 의존하는 것에 한계를 느꼈습니다. 분트는 철학적 명제를 과학적으로 증명하고자 하는 욕구가 있었고, 그 결과 1879년에 '실험-생리학적 심리학'이라는 새로운 학문 분야를 창안해 냈습니다. 그렇습니다. 심리학은 가설과 실험을 통해 철학적 주장을 검증하려는 시도에서 시작하였습니다. 오늘날 심리학은 독립된 학문으로 확고하게 자리 잡았고, 많은 사람에게 철학보다 더 친숙한 학문이 되었습니다. 그러나 심리학은 사실 철학에서 태어난 학문입니다. 철학이 오랜 역사 속에서 여러 학문을 탄생시켰듯이, 심리학도 철학이 가장 최근에 탄생시킨 분야라고 할 수 있습니다.

앞으로 활용할 사회심리학은 '사회적' 단위에서 가설과 실험을 통해 인간을 연구하는 심리학의 한 분과입니다. 정치, 경제, 지질, 기후, 풍습 등과 같은 사회적 상황이나 환경이 개인의 행동, 생각, 느낌에 어떤 영향을 미치는지 그리고 공동체와 개인 간의 상호작용이 어떻게 이루어지는지 등을 연구하는 학문입니다. 그래서 사회심리학은 특정

문화가 개인의 심리에 어떻게 영향을 미치는지를 연구하는 문화심리학과도 밀접한 관련이 있습니다.

이만큼 사회심리학을 설명했으면 다음으로 넘어갈 수도 있지만, 짚고 넘어가야 할 점이 하나 더 남았습니다. 앞으로 참조할 사회심리학자 리처드 니스벳(Richard E. Nisbett, 1941~)의 연구 성과는 개인이나 특정 국가에 그대로 적용하는 것은 적절하지 않다는 것입니다. 이는 그의 연구가 현재 고대 그리스의 지적 전통을 물려받은 약 10억 명과 고대 중국의 지적 전통을 물려받은 약 20억 명의 '평균적인 경향성'을 산출한 것이기 때문입니다. 따라서 이 연구 성과는 '대체로 이렇구나!'라고 보아야지 '반드시 이렇구나!'라고 해독하면 큰 오산을 불러일으킬 수 있습니다.

노파심에 한 가지 더 말씀드리고자 합니다. 4장에서 다루는 철학적 주제는 '고대 그리스 전통에 영향받은 사람과 고대 중국 전통에서 영향받은 사람 간의 사유 방식이 왜 그리고 어떻게 다른가'를 살펴보는 데 있습니다. 이 장에서 필자는 절대로 두 사유 방식 중 어느 것이 옳다거나 그르다, 혹은 우월하거나 열등하다고 판단하려는 의도가 아님을 분명히 밝힙니다. 우리가 집중해야 하는 부분은 단순히 "아! 저렇게 다르구나!"라는 이해입니다. 따라서 '왜 다른가'보다 '어떻게 다른가'에 더 큰 비중을 두고 내용을 전개하겠습니다.

고대 그리스와 중국:
서로 다른 환경에서 탄생한 두 가지 사유 전통

고대 그리스 전통과 고대 중국 전통에서 각각 영향을 받은 사유 방식을 한마디로 요약하자면, '분석적(analytic) 사유 방식'과 '종합적(holistic) 사유 방식'으로 구분할 수 있습니다. 리처드 니스벳의 한국인 제자이자 서울대학교 심리학과 교수 최인철은 'holistic'을 '전체적'이 아닌 '종합적'으로 번역했는데, 이는 아마도 2차 세계대전 당시 나치의 전체주의적 사고와 혼동을 피하기 위함인 것 같습니다.

'종합적 사유 방식'이란 세상의 모든 요소가 서로 어떻게든 연결되어 있으며, 어떤 대상이나 사태를 전체와 분리하여 이해하는 것은 정확하지 않다는 생각에 기반한 사고 체계입니다. 반면, '분석적 사유 방식'은 세상이 서로 독립적이고 분리된 개별 요소들로 구성되어 있다는 전제를 바탕으로 하는 사고 체계입니다.

이 둘을 대조하기 위해 철학자가 가톨릭 성당이나 이슬람 예배당인 모스크에 나가는 경우를 생각해 볼 수 있습니다. 3장에서 언급했듯이 철학은 '논리'의 영역이고 종교는 '신앙'의 영역이기 때문에, 이런 상황은 흥미로운 생각거리를 제공합니다. 종합적인 사유 방식을 지닌 사람은 자신이 연구하는 학문과 자신의 삶 그리고 자신의 믿음이 서로 분리되기 어렵습니다. 따라서 철학을 연구하면서 동시에 성당이나 모스크에 나가는 것은 그에게 실존적 갈등을 일으킬 가능성이 큽니다. 반면, 분석적 사유 방식을 지닌 사람에게 자신이 연구하는 학문과 자신의 삶 그리고 자신의 믿음은 각자 다 독립된 영역입니다. 그러니까 주중에는 논리의 영역인 철학을 연구하고 주일에는 성당이나 모스크에 가더라도 그 철학자에겐 내적 갈등이 상대적으로 덜 할 것입니다.

고대 중국과 고대 그리스에서 이처럼 큰 사유 방식의 차이가 생긴 이유는 무엇일까요? 고대 중국과 고대 그리스의 지리적, 환경적 차이에서 연유한 바가 큽니다. 이를 구체적으로 이해하기 위해, 고대 중국은 농경 문화에서 비롯된 '조화' 개념을, 고대 그리스는 광범위한 해안선을 따라 전개된 해양 교역에서 파생된 '개인의 자율성'을 중심으로 살펴보겠습니다.

고대 중국(혹은 동아시아) 문화권에서 농경이 시작된 시기는 기원전 17세기 이전으로 추정됩니다. 황하 중류에 살던 사람들이 비옥한 범람원 덕분에 농경 생활을 시작하게 됐다고 합니다. 농경이 시작되면서 사람들의 생존은 점점 더 땅에 의존하게 됐습니다. 그 당시에는 땅을 소유하거나 매매하는 개념이 없었기 때문에, 사람과 땅 사이에 형성된 관계의 가장 큰 특징은 마음대로 땅을 떠나거나 옮겨갈 수 없다는 점이었습니다. 그런 상황에서 다른 씨족과 싸움이 벌어지면 어떻게 될까요? 온 씨족이 죽도록 개간한 그 땅을 지고 갈 수도, 팔고 갈 수도 없습니다. 개간한 땅을 그대로 두고 옮겨가면 우리 씨족 쫓아낸 원수들 좋은 일 하는 것입니다. 그래서 최대한 옮겨갈 일을 만들지 않아야 합니다. 이런 경우 어떻게 하는 것이 최선일까요? 원수를 만들지 않는 것입니다. 옮겨갈 수 없는 두 사람 혹은 두 집단이

원수가 되면 어떻게 되나요? 둘 중 하나가 죽거나, 둘 다 죽어야 끝납니다. 이 어리석음을 되풀이하지 않기 위해 터득한 생존의 전략이 바로 '사이좋게 지내는 조화(調和)'입니다. 이처럼 생존을 농경에 의존한 사회에서 사람들 간의 조화는 필수적이며, 이는 곧 동아시아 전통 사유 방식에 큰 영향을 미쳤습니다. 그래서 고대 동아시아 전통이 빚어낸 사고방식은 분절적이거나 파편적이기보다는, 집단적이고 전체적이며 상호의존적인 성향을 띠게 되었습니다.

반면, 고대 그리스는 삼면이 바다로 둘러싸이고 산이 바다와 맞닿은 지형적 특성 때문에 농업에만 의존해서는 생존이 어려웠습니다. 그리스인들은 이에 따라 수렵, 어업, 특히 교역을 주요 생존 방식으로 채택했습니다. 교역을 하는 사람들에게는 농경 사회처럼 긴밀한 협력이 필수적이지 않았고, 만약 현재의 환경이 마음에 들지 않으면 다른 곳으로 옮겨가는 것도 상대적으로 쉬웠습니다. 따라서 다른 사람들과 억지로 사이좋게 지내는 행동이 자신이나 가족의 생존에 결정적인 조건이 되지 않았습니다. 타인과의 조화를 고민할 시간에 무엇을 수입하고 어디에 팔지를 판단하고 결정하는 것이 훨씬 도움이 됐습니다. 이러한 자연환경은 고대 그리스인들에게 조화로운 인간관계보다는 어떻게 더 많은 자율성을 확보할 수 있을지를 중시하게 했습니다. 그 결과, 고대 그리스는 집단적이고 전체적인 사고방식보다, 개인의 자율성을 중시하는 개인주의적이고 독립적인 사유 방식의 전통이 발달하게 되었습니다.

배경의 분리와 통합:
지각 대상과 배경에 대한 다른 두 가지 지각 방식

사람은 태어나자마자 죽을 때까지 끊임없이 무언가를 지각하며 살아갑니다. 그런데 지각 방식상에서도 종합적 사유 방식을 지닌 이들과 분석적 사유 방식을 지닌 이들 사이에 식별 가능한 차이가 보입니다. 특히, 지각 대상과 그것을 둘러싼 배경(또는 환경)과의 관계에서 도드라집니다.

비슷한 두 장의 그림을 예로 들어보겠습니다. 두 그림 모두 중앙에 행복하게 웃고 있는 철수가 크게 그려져 있으며, 철수가 그림의 절반 이상을 차지하고 있습니다. 차이점은 철수 주위 동료들의 표정입니다. 한 그림에서는 동료들 모두가 웃고 있지만, 다른 그림에서는 동료들이 화를 내고 있습니다.

먼저, 철수와 동료들이 모두 웃고 있는 첫 번째 그림을 A에게 보여주며 "철수는 행복해 보이나요?"라고 물었습니다. A는 당연히 철수가 행복해 보인다고 답합니다. 같은 질문을 B에게 했을 때도, B 역시 철수가 행복해 보인다고 답합니다. 그다음, 철수만 웃고 있고 동료들은 화가 난 두 번째 그림을 A에게 보여주고 똑같이 물었습니다. A는 앞서 본 그림과 별 차이가 없다며 여전히 철수가 행복해 보인다고 답합니다. 반면, B는 철수가 행복해 보이지 않는다고 답합니다.

이처럼, 두 그림에서 철수는 동일한 사람이고 같은 표정을 짓고 있지만, A와 B의 반응은 다릅니다. A는 철수만을 보고 그의 감정을 판단했기에 두 그림 모두에서 행복해 보인다고 생각했습니다. 이는 충분히 그럴 수 있는 판단입니다. 그러나 B는 첫 번째 그림에서는 철수가 행복해 보인다고 하면서도, 두 번째 그림에서는 철수가 행복하지 않다고 말합니다. 그 이유는 두 번째 그림에서 철수 주변 사람들 모두가 화를 내고 있기 때문입니다. B는 주변 상황이 철수의 감정에 영향을 미친다고 본 것입니다. 이처럼 두 번째 그림에서 철수에 대한 A와 B의 지각 차이는, 지각 대상을 그 배경이나 환경과 분리해서 보느냐, 아니면 함께 고려하느냐에 따라 나타납니다. A는 분석적 사유 방식을, B는 종합적 사유 방식을 상징합니다.

종합적 사유 방식을 가진 사람은 사물이나 상황을 지각할 때, 그것을 둘러싼 배경과 환경을 함께 고려합니다. 이 사고방식은 건축 설계에도 그대로 반영됩니다. 이 사유 방식을 지닌 건축가는 자신에게 맡겨진 해당 공간만을 따로 분리하여 생각하지 않습니다. 자신의 건축물이 세워질 주변 환경은 물론이거니와 도시의 문화적이고 역사적 맥락까지 고려합니다. 그러기에 그 건축물은 그 자리에 자연스럽게 어우러지면서도 그 도시의 문화적, 역사적 맥락을 향상하는 데에도 이바지할 수 있습니다. 그 결과, 건축물은 도시 일부가 되어 그 의미를 더하게 됩니다. 이는 건축가가 설계 단계에서부터 건축물이 놓일 도시의 맥락과 주변 환경을 고려하여 전체적인 조화를 추구하였기 때문입니다.

반면, 분석적 사유 방식을 지닌 사람은 사물이나 상황을 지각할 때, 그 자체에만 주목하는 경향이 강합니다. 분석적 사유 방식을 지닌 사람에게 그 사물이나 사태를 둘러싼 배경이나 맥락은 그것에 대한 지각을 풍부하게 해주는 요소가 아니라, 방해 요소일 가능성이 훨씬 큽니다. 따라서 분석적 사고를 지닌 사람은 사물이나 상황을 명확하게 파악하기 위해 주변 환경이나 배경을 최대한 배제하고, 그것 자체에 집중하려고 합니다.

고대 그리스 전통의 사유 방식이 지각 대상 자체에 집중한다는 점은 아리스토텔레스(Aristotle, 기원전 384~322)의 예시에서 잘 드러납니다. 아리스토텔레스는 고대 그리스의 대표적인 철학자로, 플라톤의 제자이자 알렉산드로스 대왕의 스승이었습니다. 그의 학문적 관심은 형이상학, 윤리학, 논리학 등 철학의 전 영역은 말할 필요도 없고, 물리학, 시, 수사학, 정치학, 생물학에 이를 정도로 매우 광범위했습니다.

그런 아리스토텔레스도 고대 그리스인의 전통적인 사고방식에 큰 영향을 받은 탓일까요? 현대의 관점에서 보면, 그는 물리 현상을 다소 제한된 시각으로 해석했습니다. 그는 돌이 떨어지는 이유를 돌 자체에 '중력'이라는 속성이 있기 때문이라 했고, 나무 조각이 물에 뜨는 이유를 나무 조각 자체에 '부력'이라는 속성이 있기 때문이라고 설명했습니다. 즉, 그는 물리 현상을 사물 자체의 속성으로만 설명하려 했고, 돌이나 나무 조각을 지구나 물과의 관계 속에서 바라보지 않았습니다. 이러한 접근은 고대 그리스의 분석적 사유 방식을 반영한 것으로, 그 유명한 학자인 아리스토텔레스조차도 이 전통의 한계를 넘기 어려웠던 것처럼 보입니다.

권력의 집중과 분산: 중앙집권과 민주주의의 두 전통

고대 중국 문명은 농경을 기반으로 발전했습니다. 농경 생활에서는 사람들 간의 조화와 협력이 필수적이었습니다. 반면, 고대 그리스 문명은 해양 교역을 중심으로 한 경제 활동을 통해 개인의 자율성을 중시하는 도시 국가들의 공존 형태로 이루어졌습니다. 이처럼 고대 중국과 고대 그리스 문명이 서로 다른 환경적, 사회적 기반에서 형성되었다는 점을 고려하면, 각 문명의 정치 구조와 권력 형태가 크게 달랐을 것이라는 추론은 어렵지 않습니다.

고대 중국의 전통에서 착안해 낸 권력 형태는 기본적으로 권력의 집중화입니다. 개인의 자율성보다 사람들 간의 조화로운 질서를 중요시했던 고대 중국은 사람들의 힘을 한데로 묶을 수 있는 권력의 강력한 중앙집권화 경향을 뚜렷하게 보입니다. 예를 들어, 중국 역사의 초기 국가들인 상(商)나라와 주(周)나라는 중국 역사상 최초의 통일국가로 간주되지 않습니다. 중국 역사에서 최초의 진정한 통일국가는 기원전 221년에 진시황(秦始皇, 기원전 259~210)에 의해 세워진 진(秦)나라입니다. 그 이유는 권력이 한 명, 즉 진시황에게 완전히 집중되었기 때문입니다. 진나라 이전에 주나라는 봉분제를 통해 각 지역에는 제후들을 두었습니다. 이 제후들은 사실상 자신이 통치하는 땅에서 왕처럼 권력을 행사했습니다. 따라서 주나라는 명목상 통일국가였지만 실제로는 여러 지역이 독립적으로 운영되었기 때문에 중국의 역사가

들에게 진정한 통일국가라고 인정되지 않았습니다.

이 지점에서 다음과 같은 의문이 생길 수 있습니다. 중국처럼 광대한 영토와 방대한 인구를 가진 나라에서 권력이 한 사람에게 집중되는 것이 진시황 시대에는 가능했을지 모르지만, 오늘날에도 그러한 중앙집권이 과연 가능한가 하는 것입니다. 이 의문에 대한 답은 현대 중국의 정치 구조에서 찾을 수 있습니다. 아래는 2021년 기준, 14억 1천만 명의 인구를 가진 중화인민공화국 공산당의 권력 구조를 보여주는 그래프입니다.

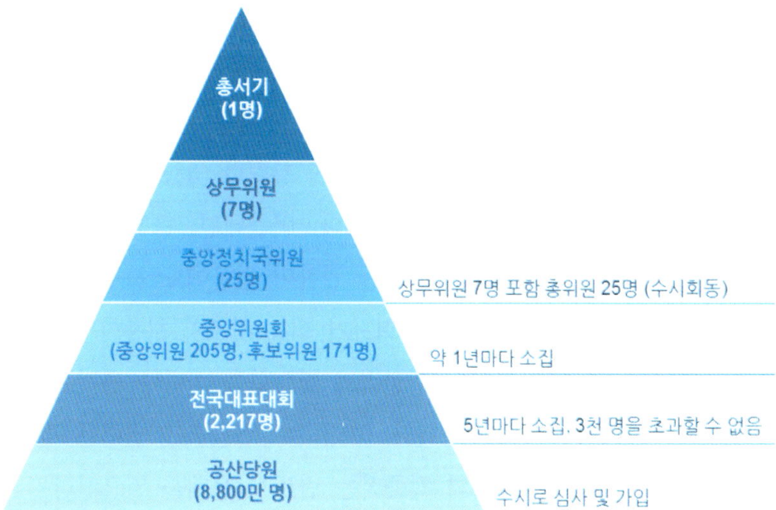

중화인민공화국 공산당의 권력 구조

중국에서는 인구가 백 명이든 천 명이든, 혹은 14억이 넘든 간에 사람들을 하나로 묶어낼 수 있는 강력한 중앙집권적 체제가 필수입니다. 중앙집권적 구조는 중국이 오랜 세월 동안 통일된 국가로서 존속할 수 있었던 가장 중요한 토대였습니다. 14억 1천만 명을 하나로 묶어내기 위해 고대 중국의 후예들은 오늘날에도 강력한 중앙집권적 권력 구조를 유지하고 있습니다. 일본의 최고 이념이 '와(和)'라면, 중국의 최고 이념은 '하나', 즉 '일(一)'입니다. 최근 뉴스에서 자주 듣는 '하나의 중국'이라는 구호 또한 바로 이 '일(一)'의 정신에서 비롯된 것입니다.

고대 중국과 비교할 때, 고대 그리스는 개인의 자율성을 바탕으로 덜 복잡하고 덜 조직화된 도시 국가들의 공존 형태로 유지되었습니다. 이러한 환경에서 권력의 중앙집중화는 거의 나타나지 않았습니다. 만약 그런 경향이 나타나려 할 때면 강력한 역풍이 불어 권좌에 있던 사람이나 세력을 끌어내렸습니다. 이를테면, 광장에서 공회가 열렸을 때, 사실상 사회자는 특별한 권한이 없음에도 불구하고 전날 사회자가 그다음 날 연속으로 사회자가 되는 것조차 허용하지 않았습니다. 이는 고대 그리스인들이 권력의 집중화를 얼마나 병적으로 두려워했는지 보여주는 대목입니다. 고대 그리스인들은 권력은 필연적으로 부패하게 되며, 권력의 집중화는 반드시 문제를 일으킨다는 점을 본능적으로 이해하고 있었던 것 같습니다. 그래서 그들은 권력 분산의 길을 선택했으며, 이 과정에서 민주주의가 싹틀 수 있는 토양이 마련되었습니다. 개인의 자율성을 최우선으로 여겼던 그리스인들에게 권력의 집중화는 본질적으로 맞지 않는 개념이었던 것입니다.

민주주의 체제에서는 개개인이 주인이기에 무엇보다 자신의 의견을 표현하는 것을 중시합니다. 주위 사람들과 조화롭게 지내기 위해 자신의 의견을 억누르기보다는, 때로는 관계가 위태로워질 위험을 감수하더라도 남들과 다른 자신의 생각을 분명히 밝히는 길을 택합니다. 민주주의 전통 속에서 자라난 사람들은 토론과 논쟁을 두려워하지 않으며, 그를 통해 문제를 해결하고자 활발히 전개하고 나아가 즐기기까지 합니다. 흥미롭게도, 토론과 논쟁이 활발했던 고대 그리스에서는 남성의 매력이 두 가지로 평가되었습니다. 하나는 전투 능력, 그리고 다른 하나는 변론의 기술이었습니다.

모순의 배제와 수용: 모순을 바라보는 두 가지 관점

많이들 '모순(矛盾)'이라는 단어를 들어보셨겠지만, 그 출처까지 아는 경우는 드뭅니다. 이 용어는 『한비자(韓非子)』의 「난세(難勢)」에 등장하는 일화에서 유래하였습니다.[2] 이 일화는 중국 전국시대(戰國時代) 초나라의 한 상인이 시장에서 창과 방패를 팔며 주장한 두 문장에 관한 이야기입니다. 첫 문장은 "이 창은 너무 날카로워 어떤 방패도 뚫을 수 있다"라는 것이었고, 두 번째 문장은 "이 방패는 너무 튼튼해 어떤 창도 막아낼 수 있다"라는 것이었습니다. 이때 그 앞을 지나가던 어떤 나그네가 그 상인에게 "당신이 정 그렇게 말한다면, 당신이 들고 있는 무엇이든 뚫을 수 있는 그 창으로, 당신이 들고 있는 무엇이든 막아낼 수 있는 그 방패를 뚫어 보시오."라고 한 마디 던집니다. 그 상인은 말문이 막힙니다. 자신이 던진 두 문장의 관계를 깨달았기 때문입니다.

이 일화가 세상에 알려진 이후로, 앞뒤 말의 이치가 맞지 않을 때 사람들은 모순이라는 표현을 사용하게 되었습니다. '모순'이라는 단어는 이제 우리 일상에서도 흔히 사용되고 있습니다. 그러나 여기에선 잠시 일상의 표현으로서의 '모순'을 뒤로하고, 조금 더 논리적으로 분석해 보겠습니다. 이 일화에서 두 문장은 동시에 거짓일 수도 있고, 적어도 한 문장은 거짓일 가능성이 있는 상황을 보여줍니다.

예를 들어, 나무조차 뚫지 못하고 부러지는 창이거나, 약한 충격에도 쉽게 깨지는 방패라면, 두 문장은 동시에 거짓일 수 있습니다. 반면, 둘 중 하나가 진실이라면, 다른 하나는 반드시 거짓입니다. 이 일화에서 '모순'은 두 문장이 동시에 거짓일 수 있거나, 적어도 한 문장이 거짓인 상황을 가리킵니다. 하지만 여기서 중요한 점이 하나 더 있습니다. 두 문장은 결코 동시에 참일 수 없다는 것입니다. 즉, 두 문장이 모두 거짓일 수도 있고, 하나는 진실일 수도 있지만, 둘 다 동시에 참인 경우는 절대 없습니다. 이러한 '동시에 참일 수 없는 관계'가 바로 모순의 본질입니다. 이제, 고대 그리스와 고대 중국의 사유 전통이 이 모순에 대해 각각 어떤 관점을 가지고 있었는지, 그리고 그에 대해 어떤 태도를 보였는지를 살펴보려 합니다.

고대 그리스 전통에 영향을 받아 분석적 사유 방식을 지닌 사람들은 기본적으로 '모순'을 받아들이지 않습니다. 여기서 말하는 모순은 형식 논리에 기반한 논리적 모순으로, 영어로는 "contradiction"이라 합니다. 『한비자』에 나오는 모순과는 개념적으로 차이가 있습니다. 형식 논리학에서의 모순은 다음과 같은 두 문장 사이에서 발생합니다. 하나는 '이것은 소다'라는 문장이고, 다른 하나는 '이것은 소가 아니다'라는 문장입니다. 이 두 문장은 동시에 참일 수도, 동시에 거짓일 수도 없습니다. 하나가 참이라면, 다른 하나는 반드시 거짓이어야 하고, 그 반대도 마찬가지입니다. 이러한 논리적 모순의 관계에서 두 문장을 동시에 참으로 받아들이는 것은 분석적 사유를 하는 사람들에게는 상상할 수 없는 일입니다. 두 명제 중 하나를 택했다면 다른 하나는 반드시 배제해야 합니다. 그래서 분석적 사유를 하는 사람들에게 '모순 배제'라는 사유 원칙은 금과옥조입니다.

이에 반해, 고대 중국 전통에서 형성된 모순에 대한 관점은 고대 그리스 전통과 정반대에 가깝습니다. 고대 중국에서 세상은 온통 모순으로 가득 차 있다고 여겨졌습니다. 기원전 6세기에 활약한 것으로 알려진 '노자(老子)'의 사상을 담고 있는 『도덕경(道德經)』에서는 다음과 같은 내용을 볼 수 있습니다.

"화여! 복이 의지하여 있는 바요, 복이여! 화가 잠복해 있는 바니, 누가 그 궁극을 알리오! 설마 정상적인 기준이 없을까? 정상은 다시 기이한 것으로 변할 수 있고, 선은 다시 요사스러운 것이 될 수 있다."[3)]

중국 국영 방송사인 CCTV에서 제작한 95부작 드라마 〈삼국지(三國志)〉에서도 이 『도덕경』의 구절이 여러 차례 등장한다고 합니다. 이는 고대 중국의 사유 방식이 오늘날에도 여전히 영향을 미치고 있음을 보여주는 좋은 예입니다. 본론으로 돌아가, 이 인용문에는 종합적 사고 체계를 지닌 사람이 세상을 이해하는 방식 두 가지가 잘 녹아 있습니다.

첫째, 고대 중국 전통의 사유 방식에서 한 가지 중요한 점은, 하나의 사태가 단일한 성질만을 지니고 있지 않으며 대립적인 성질을 동시에 가지고 있다는 인식입니다. 즉, 재앙처럼 보이는 일 안에도 복이 숨어 있을 수 있고, 반대로 복처럼 보이는 일 안에도 재앙의 씨앗이 숨어 있다는 것입니다. 이를테면, 행복을 위해 선택했던 결혼이 불행의 원인이 되기도 하고, 불행의 표본처럼 여겨지는 이혼이 또 새로운 변화를 불러오기도 합니다.

고대 중국의 전통에서 파악한 세상은 좋은 일 안에도 나쁜 일이, 나쁜 일 안에도 좋은 일이 함께 똬리를 틀고 들어앉아 있다는 것입니다. 그러니까 세상을 제대로 지각하거나 반영하기 위해서는 한 면만을 보거나 반영해서는 안 되며, 나쁜 면은 빼고 오직 좋은 면만 보거나 고려해서 얻은 인식은 반쪽짜리에 불과합니다. 전면적인 인식을 얻고 싶다면 세상처럼 거대한 것부터 아주 사소한 일까지도 그것에 내재해 있는 대립하는 두 면을 다 살려내야 합니다. 이것을 이해할 때, 우리는 다투는 두 어린 종 모두에게 '그래, 네 말이 옳다'라고 했던, 심지어 양쪽을 다 옳다고 하는 자신의 태도를 비판하던 부인에게까지 '그래, 당신 말이 옳소'라고 했던 황희 정승의 사유 방식을 짐작할 수 있습니다.

둘째, 고대 중국의 전통에서 강조되는 또 다른 점은 세상이 끊임없이 변화한다는 사실입니다. 중요한 것은 이 변화가 단순한 변화가 아니라, 정반대 방향으로 진행된다는 것입니다. 앞서 인용한 『도덕경』의 구절처럼, 정상적인 것이 기이한 것으로 변하고, 선한 것이 요사스러운 것으로 변하며, 그 반대의 과정도 끊임없이 반복됩니다. 이 반대되는 것을 향해 변해가는 과정은 일회성이 아니라 끝까지 끝나지 않고 되풀이된다고 합니다.

이러한 사유 방식은 일상의 예로 쉽게 설명할 수 있습니다. 이 글을 쓰는 필자는 현재 카페에 와서 글을 쓰고 있습니다. 이 글을 읽는 여러분도 어느 건물 안에 계실 가능성이 큽니다. 세상이 끊임없이 변화한다는 점에서 볼 때, 우리 각자가 지금 있는 건물에 대해 예상할 수 있는 것은 무엇이 있을까요? 필자는 한 가지만큼은 확신할 수 있습니다. 우리가 지금 있는 건물은 언젠가는 허물어질 운명을 가지고 있다는 점입니다. 예전에는 그 건물이 없었습니다. 그래서 그 건물이 생겨났습니다. 생겨났으니까 이제 허물어질 일만 남은 것입니다. 안 그런가요? 고대 중국이 빚어낸 전통에서는 우주적 규모부터 아주 일상적인 것까지 전부를 변화의 관점에서 사유합니다.

고대 그리스 전통의 모순 배제에 대비되는 '모순 수용'의 모습을 더 부각하기 위해 새옹지마(塞翁之馬)라는 우화를 살펴볼까 합니다. '새옹지마'를 글자 그대로 풀면, 변방에 사는 노인네가 키우는 말[馬]

이 됩니다. 이 우화에는 세상은 모순덩어리라는 점과 세상은 끊임없이 반대를 향해서 변화한다는 점이 가장 잘 압축되어 있습니다. 이 우화를 단계별로 살펴보면, 각 사건이 모순된 결과를 낳고, 그 결과가 다시 변화를 통해 또 다른 결과로 이어지는 모습을 확인할 수 있습니다. 우화를 세분화면 다음과 같습니다.

1단: 노인의 말이 도망가 재산을 잃고 가족은 슬퍼한다.

2단: 하지만 도망갔던 말이 다른 말과 함께 돌아오고, 재산이 늘어나 가족은 기뻐한다.

3단: 그러다 아들이 말을 길들이려다 다리가 부러져 다시 가족은 슬퍼한다.

4단: 곧 전쟁이 나지만 아들은 부상 덕분에 참전하지 않고, 가족은 안도하며 기뻐한다.

새옹지마라는 우화는 우리 인생이 모순 그 자체임을 보여줍니다. 슬픔은 결국 기쁨으로 전환되고, 그 기쁨은 다시 슬픈 일로 전환됩니다. 해가 뜨면 지고, 어두운 밤이 지나면 다시 밝아지듯이, 인생은 슬픔에서 기쁨으로, 기쁨에서 다시 슬픔으로 끊임없이 변화합니다.

우리가 알고 있는 이 우화는 4단에서 마무리됩니다. 하지만 리처드 니스벳은 이 이야기가 4단에서 끝나지 않고, 5단 혹은 그 이상으로도 이어질 수 있다고 말합니다.[4] 저 역시 여기에 한 가지 더 덧붙이고 싶습니다. 창의력이 뛰어난 사람들이 이야기를 이어간다면, 이 우화는 아마 지구상에 인간이 존재하는 한 결코 끝나지 않을 것입니다.

강의 노트

4장에서 다룬 내용을 정리하면 다음과 같습니다. 우리는 사회심리학의 연구 성과를 바탕으로 고대 그리스와 고대 중국(동아시아)의 사유 방식이 어떻게 다른지를 탐구했습니다. 고대 그리스는 '분석적' 사유 방식을, 고대 중국은 '종합적' 사유 방식을 발전시켰습니다. 분석적 사유는 세상을 독립된 원소들로 이해하고, 종합적 사유는 모든 것이 상호 연결되어 있다고 봅니다. 고대 중국은 농경 문화의 영향으로 조화와 중앙집권적 권력을 중요시했으며, 고대 그리스는 해양 교역을 기반으로 개인의 자율성과 권력 분산, 민주주의를 선호했습니다. 분석적 사유는 사물 자체에 집중하는 반면, 종합적 사유는 사물과 그 배경의 연관성을 함께 고려합니다. 고대 그리스는 모순을 배제하려 했지만, 고대 중국은 세상을 모순으로 가득 찬 것으로 보고 끊임없는 변화의 관점에서 사유했습니다.

2부

고대 중국철학의 심연

5장 『역경(易經)』: 고대 중국이 빚어낸 사유 방식의 한 전형

첫걸음

4장에서는 고대 그리스와 고대 중국의 사유 방식을 비교 분석하면서, 고대 중국이 후세에 전해준 사유 방식에서 세 가지 특징을 확인했습니다. 다만, 4장에선 '평균적인 경향성'을 큰 틀에서 살펴보았기 때문에, 구체적인 분석으로 깊은 내용을 다루지는 않았습니다. 이번 5장에서는 고대 중국의 대표적인 문헌인 『역경(易經)』[1]을 통해 그들의 사유 방식을 더 구체적으로 살펴보겠습니다. 이를 위해 『역경』에 나오는 괘(卦) 중 하나를 선택해 직접 풀이해 보는 시간을 가지려 합니다.

고대 중국의 아름다운 문헌인 『역경』을 읽기 위해서는 큰 인내심이 요구됩니다. 『역경』에는 어디에서도 볼 수 없는 구조와 기호가 등장하기에 '사전 준비'가 필요합니다. 『역경』의 기본 개념과 구조, 길흉을 판별하는 서법을 최소한으로라도 익히지 않으면 그 내용을 이해하기가 쉽지 않습니다. 이 과정을 생략하면 괘 풀이 자체가 난해한 암호 해독처럼 보일 확률이 높으며, 십중팔구 괘 풀이가 '억지로 끼워 맞춘 궤변'처럼 보일 것입니다.

물론 이러한 작업만으로 『역경』을 처음 접하는 독자가 느낄 낯섦을 완전히 해소하기는 어렵습니다. 솔직하게 말하면, 『역경』의 한 괘를 읽기 위해서 이렇게 많은 생소한 것을 익혀야 하느냐는 의구심과 함께 지루함이 밀려올 것입니다. 하지만 인내심을 갖고 이 과정을 잘 견뎌낸다면, 고대 중국이 후대에 전한 사유 방식의 진수를 맛볼 수 있을 것이라 확신합니다. 동시에, 이는 고대 중국의 사유 방식이 획일주의가 아님을 확인하는 기회가 될 것입니다. 부디 중간에 포기하지 마시고, '사전 준비' 과정을 완독해 주시기를 바랍니다.

효와 괘:
『역경』의 기본 요소

『역경』의 기본 요소를 알아보기 전에, 이를 이해해야 하는 이유를 간단히 설명하겠습니다. 『역경』은 괘를 통해 인간과 세상의 변화를 성찰하는 철학적 문헌이므로, 이를 제대로 이해하려면 먼저 '괘'가 무엇인지 알아야 합니다. 이를 돕기 위해 괘의 구성 요소를 3단계로 나누어 설명하겠습니다.

『역경』의 1차이자 최소 구성단위는 '음효(⚋)'와 '양효(⚊)'입니다. 태극기 때문에 우리에게 익숙한 두 부호지만 선사시대부터 사용되었습니다.[2] 음효와 양효라고 부르든, 음양(陰陽)이라고 부르든 이 둘은 서로 떼려야 뗄 수 없는 사이이자, 각자 반대되는 성질을 대표합니다. 음은 유순함과 밤을, 양은 강건함과 낮을 상징합니다. 또한 소극성, 여성, 지아비, 신하, 작음, 물러남, 고요함, 속은 음에 배당되며, 적극성, 남성, 군주, 큼, 나아감, 움직임, 겉은 양에 배당됩니다. 음이 존재하기 위해서는 양이 존재해야만 하고 양이 존재하기 위해서는 음이 존재해야만 합니다. 이런 의미에서 음양은 서로의 짝입니다.

『역경』의 2차 구성단위는 '8괘[八卦]'입니다. 여기서 '8'은 음효와 양효를 3자리에 각각 배열하여 얻은 숫자입니다. 왜 세 자리로 구성되었는지에 대한 확실한 설은 없지만, 위는 하늘, 아래는 땅, 가운데는 인간을 상징한다는 설이 필자에게는 가장 설득력 있게 다가옵니다. 8괘는 각각 고유한 이름과 의미를 가지며, 자연 현상과 성질을 상징합니다. 예를 들어, 우리나라 태극기의 네 모서리에는 ☰건, ☷곤, ☵감, ☲리가 그려져 있습니다. 이들은 각각 하늘, 땅, 물, 불을 상징하므로, 태극기에는 천지와 물, 불의 조화가 담겨 있다고 볼 수 있습니다. 더 구체적인 8괘의 이름과 의미, 상징은 〈부록1〉에서 확인하실 수 있습니다.

『역경』의 3차이자 마지막 구성단위는 '64괘[六十四卦]'입니다. 64괘는 8괘를 상하로 겹쳐[3] 만들었는데, 상단에 위치한 8괘를 상괘(上卦) 또는 외괘(外卦)라 하고, 하단에 위치한 8괘를 하괘(下卦) 또는 내괘(內卦)라 부릅니다. 64괘 각각은 자연 현상과 인간 삶의 다양한 상황을 상징합니다. 64괘의 구체적인 이름과 구성은 〈부록2〉에 정리되어 있으니 참고하시기 바랍니다. 앞으로 '괘'라는 표현은 주로 64괘를 의미하니 이 점도 염두에 두시면 좋겠습니다.

정리하자면 이렇습니다. 『역경』의 가장 기본적인 요소는 효입니다. 효가 모여서 세 자리를 이루면 8괘가 되고, 8괘를 위아래로 겹치면 64괘가 됩니다. 64괘는 각각 6개의 효를 가지고 있기에, 『역경』에는 총 384개의 효가 존재합니다. 이로써 우리는 『역경』의 핵심 개념인 효와 괘에 대해 기본적인 이해를 갖추게 되었습니다. 그러나 여기에서 멈출 수는 없습니다. 이제는 여섯 자리로 된 괘의 구성을 구체적으로 살펴볼 차례입니다.

괘의 구조:
괘명, 괘사, 효제

뒤에서 구체적으로 풀이할 둔괘(遯卦)를 예시로 들어, 괘의 구성요소를 살펴보겠습니다. 여기에는 괘명(卦名), 괘사(卦辭), 효제(爻題) 등과 같은 생소한 단어들이 끼어 있습니다.

⓿ ䷂ 遯(둔), 亨(형), 小利貞(소리정).

❶ 初六(초육), 遯尾(둔미), 厲(려), 勿用有攸往(물용유유왕).

❷ 六二(육이), 執之用黃牛之革(집지용황우지혁), 莫之勝說(막지승탈).

❸ 九三(구삼), 係遯(계둔), 有疾厲(유질려), 畜臣妾(휵신첩), 吉(길).

❹ 九四(구사), 好遯(호둔), 君子吉(군자길), 小人否(소인부).

❺ 九五(구오), 嘉遯(가둔), 貞(정), 吉(길).

❻ 上九(상구), 肥遯(비둔), 无不利(무불리).

먼저 눈에 띄는 것은 ⓿번째 줄 제일 앞에 나오는 기호(䷂)입니다. 이처럼 여섯 개의 효가 겹겹이 쌓여 있는 기호가 바로 괘입니다. 그렇다면 다음에는 무엇이 나올까요? 이 정체 모를 기호(䷂)의 이름이 나옵니다. 여기서는 그 이름이 '遯(둔)'이라고 명시해 주고 있습니다. 괘명(卦名)을 말할 때는 단순히 '둔'이라 부르지 않고, 혼동을 피하고자 둔괘라고 합니다.

다음으로 눈에 들어오는 것은 '亨(형), 小利貞(소리정)'이라는 문장인데, 이는 둔괘를 표시하는 기호(䷂)에 붙어 있는 말이라는 뜻에서 괘사(卦辭)라고 합니다. 괘사는 각 괘가 상징하는 상황을 나타냅니다.

이제 효제(爻題)를 살펴보겠습니다. ❶~❻번째 줄 가장 앞에는 初六(초육), 六二(육이), 九三(구삼), 九四(구사), 九五(구오), 上九(상구)와 같은 명칭이 붙어 있습니다. 이것들이 바로 효의 제목인 효제입니다. 효제는 두 가지 정보를 제공합니다. 첫째, 그 효가 음효(--)인지 양효(—)인지를 나타냅니다. 음효에는 '육'을 양효에는 '구'를 붙입니다. 둘째,

효가 몇 번째 자리에 있는지 나타냅니다. 효를 해석할 때는 순서(초→이→삼→사→오→상)가 중요하기 때문에 헷갈리지 않게 명칭을 정한 것입니다.

예시인 둔괘 ䷠를 보겠습니다. 초육은 첫 자리이니 '초'가 붙고 음효이니 '육'이 붙었습니다. 육이는 음효이니 '육'이 붙고 두 번째 자리이니 '이'가 붙었습니다. 구삼은 양효이니 '구'가 붙고 세 번째 자리이니 '삼'이 붙었습니다. 구사는 양효이니 '구'가 붙고 네 번째 자리이니 '사'가 붙었습니다. 구오는 양효이니 '구'가 붙고 다섯 번째 자리이니 '오'가 붙었습니다. 상구는 가장 윗자리이니 '상'이 붙고 양효이니 '구'가 붙었습니다.

마지막으로 효사(爻辭)에 대해 살펴보겠습니다. 효제 바로 뒤에 나오는 각각의 문장들이 각 효에 붙어 있는 말이라는 뜻에서 효사입니다. 효사는 각 효가 처한 개별 상황을 상징합니다. 그러니까 『역경』에서는 하나의 괘마다 서로 다른 여섯 가지 처지가 있는 것입니다. 구체적인 풀이가 다다음 소절인 '둔괘의 번역과 해설'에 나옵니다.

한 번 더 정리해 보겠습니다. 『역경』의 64괘는 각각 맞닥뜨린 하나의 상황을 상징합니다. 그게 앞의 ⓿에 해당합니다. 그런 다음, ❶~❻에 해당하는 각 효에서는 그 상황에서 서로 다른 여섯 가지 처지와 선택의 기로 등을 상징합니다. 미리 이야기하자면, 둔괘의 상황은 '도망가야 할 때'입니다. 이 '도망가야 하는' 전체 상황에서, 여섯 효는 완전히 다른 처지, 갈등 그리고 선택 등을 보여줍니다.[4)]

서법:
길흉화복을 해석하는 다섯 가지 방식

둔괘를 풀이하기 위한 사전 준비의 마지막 단계에 도착했습니다. 이번에 다뤄볼 주제는 서법입니다. 서법은 점치는 방법으로, 길흉화복(吉凶禍福)을 따질 때 고려하는 사항을 말합니다. 둔괘를 풀이할 때 필요한 서법 다섯 가지만 보겠습니다.

첫 번째 서법은 당위설(當位說)입니다. 모든 64괘는 여섯 개의 효로 구성됩니다. 이 중 1, 3, 5번 자리는 양(陽)의 자리, 2, 4, 6번 자리는 음(陰)의 자리입니나. 예를 들어, 둔괘에서 '육이(六二)'처럼 음이 음의 자리에 있거나, '구오(九五)'처럼 양이 양의 자리에 있으면 이를 정위(正位) 또는 득위(得位)라고 합니다. 반대로, 음이 양의 자리에 있는 경우는 부정(不正)이라 부릅니다. 대개 정위에 있으면 길(吉)하다고 해석하고, 부정이면 흉(凶)하다고 봅니다.

하지만 예외도 존재합니다. 대부분 정위는 길(吉)하고 정위가 아니면 흉(凶)하다고 하는 것이 더 적절한 표현입니다. '대부분'이라 한 것은 어떤 '구삼'의 경우에는 양으로 양의 자리에 있지만 길하다고 보지 않기 때문입니다. 이를테면, 건괘(乾卦)의 구삼은 종일 부지런히 노력하는 것으로도 부족해 저녁에도 경계를 풀지 않습니다. 이렇게 하면 허물은 없을지라도, 긴장이 풀리지 않아 건강을 해칠 수 있습니다. 자기의 건강을 위태롭게 하는 구삼을 길하다고 볼 수는 없습니다. 정위인데도 길하다고 해석하지 않는 저 대목에, '세상에 절대는 없다'라는

『주역』의 정신이 잘 녹아 있는 것이 아닌가 생각해 봅니다.

두 번째 서법은 중위설(中位說)입니다. 중위설은 효가 괘의 가운데 자리에 있는지를 따집니다. 여섯 자리로 된 괘에서 가운데 자리는 다섯 번째 자리와 두 번째 자리입니다. 이 두 자리는 상괘와 하괘 각각의 가운데입니다. 가운데라서 이 두 자리에 있는 효에는 중(中)이라 하고, 대개는 길(吉)하다고 봅니다. 특히, 양효가 상괘의 다섯 번째 자리에 있을 때는 중(中)에다가 강(剛)을 더해 강중(剛中)이라 부르며, 매우 길한 자리로 여깁니다. 마찬가지로 음효가 하괘의 두 번째 자리에 있을 때는 중에다가 정(正)을 보태 중정(中正)이라 부릅니다. 강중과 중정은 아주 높은 확률로 길하게 봅니다.

세 번째 서법은 정응(正應)과 적응(敵應)입니다. 괘마다 있는 6개의 효에는 서로 호응하는 관계가 정해져 있습니다. 이 호응 관계는 '첫째 자리와 넷째 자리', '둘째 자리와 다섯째 자리', '셋째 자리와 여섯째 자리'로 이루어집니다. 짝을 이루는 두 효가 음과 양처럼 서로 반대될 때는, 이를 '정응(正應)'이라고 부릅니다. 반면, 짝을 이루는 두 효가 전부 양이거나 모두 음일 때, '적응(敵應)'이라 합니다. 같은 성질이 서로 반발하기에 적대적이라 할 때의 '적(敵)' 자를 사용하여 '적응(敵應)'이라 한 것입니다.

네 번째 서법은 승(承)과 승(乘)입니다. 점을 칠 때는 붙어 있는 두 효의 관계도 중요하게 봅니다. 각 괘는 6개의 효로 이루어져 있으므로, 효가 붙어 있는 곳은 총 다섯 곳이 됩니다. 이때 음효가 아래에 있고 양효가 위에 있는 경우를 '승(承)'이라 부릅니다. 여기서 '승(承)'

은 음효가 위에 양효가 있음을 받아들인다는 의미라서 주로 긍정적으로 해석합니다. 반면, 음효가 위에 있고 양효가 아래에 있는 경우는 '승(乘)'이라 부릅니다. 이는 양효가 음효를 순순히 받아들이지 못하고 거슬린다는 의미를 담고 있습니다. 대체로 '승(乘)'은 길하지 않게 해석합니다.

다섯 번째 서법은 주효(主爻)입니다. 주효는 해당 괘에서 가장 중심이 되는 효를 말합니다. 그 괘를 구성하는 여섯 효 가운데서 그 괘의 취지, 뜻, 의미를 가장 잘 드러내는 효가 주효가 됩니다. 복괘(復卦)를 예시로 설명해 보겠습니다. 복괘는 상괘가 곤(☷)이고 하괘가 진(☳)이라서 부호가 ䷗ 이렇습니다. 복괘에서 주효는 '초구'인데, 초구가 '돌아옴'이라는 복괘의 상황을 가장 잘 대변하기 때문입니다. 일단 저 부호 ䷗를 보시면, 전부 음인 세상에 양이 하나 있습니다. 이는 음의 기운이 극에 달한 후 이제 막 양의 기운이 세상에 다시 등장하는 형국을 상징합니다. 하나의 기운이 득세하면 그 기운이 영원히 갈 것 같지만, 득세하면 할수록 전환점이 가까워지고 끝내 전환점을 돌게 됩니다. 전환점을 돌면 새로운 기운과 풍경이 펼쳐집니다. 음의 기운만 있던 세상에서 전환점을 돌았더니, 양이 하나 막 생겨나는 것이 보입니다. 이런 상황을 복괘의 여섯 효 가운데 가장 잘 보여주는 것이 '초구'라서, 초구가 주효인 것입니다.

둔괘 해설:
상황에 따른 지혜

이제야 『역경』의 한 괘를 읽을 사전 준비를 모두 마쳤습니다. 그 괘는 64괘 중에서 33번째인 둔괘(遯卦)입니다. 둔괘는 고대 중국이 후세에 전한 사유 방식의 전형, 즉 '같은 상황'에서 각자의 처지마다 느낄 바, 생각할 바 그리고 실천할 바가 다 다르다는 것을 고스란히 보여주기 때문입니다. 이제 서론은 그만하고 고대 중국철학의 진수를 맛볼 수 있는 둔괘 풀이로 들어가겠습니다.

䷠, 遯(둔), 亨(형), 小利貞(소리정).

䷠, 이 괘의 이름은 '둔'이다. 은둔한 뒤라야 형통할 수 있으니 바르게 함에 조금 이롭다.

䷠, 이 괘의 이름은 '둔'이다.

둔괘가 직면한 상황을 부호(䷠)의 형체, 즉 괘체(卦體)를 보면서 해석해 보겠습니다. 둔괘(䷠)는 아래 두 자리가 음효(陰爻)이고 위의 네 자리가 양효(陽爻)로 이루어져 있습니다. 이 형체는 아래에서부터 음이 날로 자라나고 양은 점점 사라져가는 모습을 떠올리게 합니다. 음은 밤과 어둠, 소인을 상징하고 양은 낮과 빛, 군자를 상징하니, 마치 어둠의 세력이 점차 빛의 세력을 잠식해 가는 상황처럼 보입니다. 그러나 아직 모든 희망이 사라진 것은 아닙니다. 양이 남아 있어 어둠에 완전히 잠식된 것은 아니기 때문입니다.

은둔한 뒤라야 형통할 수 있으니 바르게 함에 조금 이롭다.

둔괘의 괘사는 "遯, 亨, 小利貞(둔, 형, 소리정)" 다섯 글자로 구성됩니다. 여기서 "둔형(遯亨)"은 은둔해야 형통할 수 있다는 뜻입니다. 이는 세상의 주도권이 군자에서 소인으로 넘어가는 상황을 반영합니다. 마치 정부나 회사의 요직이 점차 소인들에게 장악되는 형국과 같습니다. 이럴 때 군자가 자기의 뜻을 펼치려 한다면, 소인들이 가만히 둘 리가 만무합니다. 소인들로부터 따돌림이나 조리돌림을 당하기 일쑤입니다. 이러한 상황에서 군자가 할 수 있는 최선의 선택은 스스로 물러나 은둔하는 것입니다. 업적을 쌓기보다는 해를 입지 않도록 신중히 행동하는 것이 중요합니다. 그래서 은둔해야 형통할 수 있다는 말이 나온 것입니다.

다음으로 "소리정(小利貞)"은 지금이 큰일을 도모하기에는 부적합한 시기임을 의미합니다. 소인이 득세한 세상에서 대의를 이루는 것은 거의 불가능에 가깝습니다. 대세가 이미 소인에게 넘어갔기 때문에, 큰 성과를 기대하기보다는 작은 일이라도 바르게 행하는 것이 현명한 선택입니다. 이 정도라도 가능한 이유는 아직도 빛의 세력이 남아 있어서입니다.

둔괘 전체의 상황

정리하면 둔괘는 어둠의 세력이 날로 커지는 바람에 빛의 세력이 힘을 잃어가는 상황을 상징합니다. 다만 빛의 세력이 완전히 궤멸하지 않았다는 것이 위안이라면 위안인 형국입니다.

初六(초육), 遯尾(둔미), 厲(려), 勿用有攸往(물용유유왕).

초육(初六)은 은둔해야 하는 상황에서 맨 뒤에 있는지라 화가 닥칠 것이니, 쓰려고 나아가지 말라.

초육의 처지

먼저 초육이 처한 개별적 상황을 살펴보겠습니다. 여섯 자리 괘에서 1, 3, 5는 양의 자리, 2, 4, 6은 음의 자리입니다. 초육은 양의 자리에 음의 효가 온 상태이므로, 기본적인 처지가 썩 바람직하지 않습니다. 더욱이, 둔괘의 전체 상황은 은둔해야 할 시기라는 것을 웅변하고 있습니다. 그런데 초육은 내괘(內卦)의 가장 깊숙한 곳에 자리를 잡고 있어서 도망가려고 해도 통과해야 할 데가 한둘이 아닙니다. 초육은 이래저래 난감한 처지입니다.

은둔해야 하는 상황에서 맨 뒤에 있는지라 화가 닥칠 것이니,

은둔한다는 것은 안에서 밖으로 나가는 것을 뜻합니다. 여섯 자리 괘를 기준으로 말하면 내괘에서 외괘로 나아가는 것이고, 국가로 치면 조정(내괘)에서 벼슬하다가 그것을 내려놓고 낙향(외괘)하는 것을 말합니다. 그런데 초육은, 전체적으로 은둔해야 할 상황에서, 맨 뒤에 처져 오도 가도 못하는 처지입니다. 둔괘에서는 그것을 '둔미(遯尾)'라 표현하여 화가 닥칠 가능성이 큼을 경계하고 있습니다.

쓰려고 나아가지 말라

초육은 벼슬을 그만두고 조정을 떠나야 할 시점에 여전히 가장 깊숙한 곳에 남아 있는 처지입니다. 그러니 어떻게 해서든 은둔할 순서가 올 때까지 있는 듯 없는 듯 티 나지 않게 조용히 기다려야 하지만, 그 기다림이라는 것이 만만치 않습니다. 기다림의 시간을 참지 못하고 벼슬을 하나 얻어 보겠다는 생각에 재능을 발휘하려는 유혹에 빠지기가 쉽습니다. 만약 그렇게 되면 초육이라는 자리 자체의 위태로움에 더하여 다른 화를 초래할 가능성이 농후해집니다. 섣불리 잘못 나섰다가는 소인들의 눈에 띄어 공격의 대상이 될 수 있기 때문입니다. 평범한 사람들도 남이 잘난 체하는 걸 못 견디는데, 하물며 소인들이야 그 꼴을 어떻게 그냥 놔두고 보겠습니까.

소인이 득세하는 시대에는 벼슬을 하거나 자신의 재능과 학식을 드러낼 때가 아닙니다. 오히려 그 재능과 학식을 숨겨야만 하는 시기입니다. 따라서 "쓰려고 나아가지 말라"는 말은, 곧 '무엇이든 섣불리 행동하지 말라'는 중대한 경고로서 울려 퍼집니다.

六二(육이), 執之用黃牛之革(집지용황우지혁), 莫之勝說(막지승탈).

육이(六二)는 노란 소의 가죽으로 붙잡는지라 그(붙잡으려는 사람)를 벗어나지 못한다.

육이의 처지

육이의 자리를 먼저 살펴보겠습니다. 육이는 음효로서 음의 자리에 왔으니 '정(正)'입니다. 또한, 내괘의 가운데 자리에 자리 잡고 있어 '중(中)'에 해당합니다. 더불어 다섯 번째 자리 구오가 양효이니 '정응(正應)'의 관계를 형성합니다. 육이의 위치 자체만 보면 이보다 더 좋은 위치는 없다고 해도 과언이 아닙니다. 그러나 문제가 하나 있습니다. 육이는 안에서 지켜야 하는 위치에 있지만, 둔괘의 전체적인 형세는 모두가 떠나야 할 때라는 것입니다. 특히 현자들이 육이를 피해 도망가려 한다는 것이 큰 어려움으로 작용합니다.

육이는 모두가 밖으로 도망가야 하는 상황 속에서 안을 지켜야 하는 역설적인 운명에 놓여 있습니다. 국가로 비유하자면 현명한 신하들이 벼슬을 버리고 떠나려 할 때, 육이는 그 조정을 책임져야 하는 최종 책임자의 자리에 앉아 있는 상태라고 볼 수 있습니다. 따라서 육이에게 주어진 가장 중요한 임무는 도망가는 것이 아니라, 떠나려는 현자와 신하들을 붙잡아 머물게 하는 것입니다. 육이의 상황에서 핵심은 이 도망가려는 현자들을 어떻게 붙잡을 것인가입니다.

『역경』에 철학적 주석을 단 왕필(王弼, 226~249)은 육이를 둔괘의 주효(主爻)로 보았습니다. 주효는 그 괘의 상황을 가장 잘 대변하는 효가 되는 것입니다. 그러니까 왕필은 다들 떠나야 하는 상황에서, 내괘 그것도 정 가운데 자리를 차지하여 떠나려는 것들을 붙들어야 하는 처지에 놓인 육이를 이 상황의 주인공으로 본 것입니다. 떠나야 할 순간에 오히려 떠날 수 없는 사람을 주인공으로 본 왕필의 발상이 다소 역설적이면서도 어떤지 설득력이 있지 않나요?

노란 소의 가죽으로 붙잡는지라

갑자기 '소(牛)'가 등장한 이유는 육이가 음효이기 때문입니다. 소는 유순한 동물의 상징입니다. 만약 육이가 양효였다면 등장하는 동물은 아마 '용(龍)'이었을 것입니다. 또한, 이곳에서의 소가 노란색인 이유는 육이가 음효로서 음의 자리에 있는 데다가 가운데 자리 즉 '중정(中正)'인 것과 관련이 깊습니다. 고대 중국에서 노란색은 중(中)을 상징하며, 우주의 정색(正色)으로 여겨졌기 때문입니다. 그러니까 육이가 중정한 자리에 있기에 '노란 소'가 등장할 수 있었던 것입니다.

육이는 '노란 소의 가죽'으로 현자들을 붙잡습니다. 여기서 '노란 소'란 사특한 방법이 아닌 정도(正道)로 현자들을 붙들고자 함을 의미합니다. 육이가 붙들려는 대상은 양의 세상에서 음의 세상으로 변해 가는 격변기에 떨어지는 콩고물이나 찾아다니는 소인이 아닙니다. 육이가 그토록 붙들고 싶어 하는 대상들은 세상의 변화를 제대로 파악하고 떠나려는 군자들입니다. 권력이나 재물, 이권을 나눠주는 얄팍한 방식으로는 소인이야 불러 모을 수 있지만, 군자를 묶어둘 수는 없습니다. 오직 정도(正道)로 응할 때만이 군자를 그나마 붙잡을 가능성이 생깁니다.

육이가 정도를 실현하려면 두 가지 조건이 충족되어야 합니다. 첫 번째는 소의 유순함이 필요합니다. 육이는 둔괘에서 떠나려는 군자들보다 낮은 위치에 있습니다. 소[牛]인 육이가 부드럽지 않은 방식을 사용하면, 육이 자신의 성정에도 맞지 않을뿐더러 윗사람을 대하는 예절에도 어긋납니다. 두 번째는 '노란색'에 부합하는 것입니다. 이는 '중(中)'에 부합해야 한다는 것으로, 모시고자 하는 군자의 처지에 따라 다 다른 방식으로 붙잡아야 함을 의미합니다. 육이가 떠나려는 군자를 붙잡고 싶으면 때와 장소 그리고 처지에 따라 생각하고 유연하게 대응하되, 언제나 부드러운 태도를 잃지 않는 것이 중요하다는 것입니다.

그렇다면, 가죽은 무엇을 의미할까요? 이 가죽이 의미하는 바는 군자를 붙잡기를 견고하고 질기게 하라는 뜻이지만, 그렇다고 이게 억지나 완력으로 붙잡으라는 것이 아닙니다. 육이의 가죽은 가죽이로되 소의 가죽을 상징하니까 유순하고 너그러움을 유지하면서도 끈질기게 붙잡으라는 뜻입니다.

그(붙잡으려는 사람)를 벗어나지 못한다.

효사의 "說(탈)"은 '벗어나다'라는 의미의 '脫(탈)'을 가차(假借)한 글자라서 우리말로는 '탈'이라 읽고, "莫之勝說(막지승탈)"은 (도망가려는 군자들이 붙들려는) 육이를 벗어나지 못한다고 번역합니다. 군자들이 떠나지 못하는 이유는 육이가 노란 소의 가죽처럼 그들을 단단히 붙들고 있기 때문입니다. 육이는 군자들 각자의 처지에 맞춰 그들을 사로잡습니다. 한없이 유순하게 다가오지만 마치 가죽처럼 단단하게 그들을 붙들고 놓아주지 않습니다.

九三(구삼), 係遯(계둔). 有疾厲(유질려), 畜臣妾(휵신첩), 吉(길).

구삼은 은둔할 세상에 매인 바가 있다. 그러다 보니 병으로 지치고 위태롭게 되었으니, (이 정도 인물이라면) 하인과 하녀를 기르는 데에는 길하다.

구삼의 처지

구삼의 자리를 먼저 살펴보겠습니다. 구삼은 양의 자리인 세 번째 자리에 양효가 놓여 있으니 '정(正)'에 해당합니다. 게다가 본래 양은 하늘을 향하고 음은 땅을 향하는데, 구삼은 양이므로 자연스럽게 내괘에서 외괘를 향하게 됩니다. 다만, 은둔에 불리한 점이라면 구삼을 불러내거나 도와줄 외부의 지원이 없다는 정도입니다. 구삼과 호응 관계인 여섯 번째 자리에 양효인 상구가 자리해 정응(正應)이 형성되지 않아서입니다. 요약하자면, 구삼은 정응이 없다는 불리한 점이 있긴 하지만, 양의 자리에 양으로서 자리한 데다가 위를 향하니, 은둔의 상황에서 밖으로 도망가기에 그나마 유리한 처지라고 볼 수 있습니다.

그런데 구삼은 그 유리한 점을 십분 살리지 못합니다. 구삼은 도망가야 하는 상황에서 도망은커녕 조정(즉 내괘)을 지켜야 하는 여인에게 마음이 묶여 버리기 때문입니다. 일단 육이와 구삼은, 아래 음이 위의 양을 받드는 승(承)의 관계를 형성합니다. 구삼 역시 자기 처지가 떠나야 한다는 것도 압니다. 하지만 밖에 응원군은 없는데 가까이 있는 육이는 자기를 이렇게 떠받들어 주니 구삼이 끌리는 것은 어쩌면 자연스러운 일일지도 모릅니다. 둔괘의 상황에서 육이는, 떠나려는 군자라면 누구나 붙잡아야 하는 처지인데 하물며 가까이 있는 데다가 응원군이 밖에 없어 외로운 구삼을 놓칠 리가 없지 않을까요. 육이가 물불 가리지 않고 적극적으로 구애하니, 구삼은 결국 그 유혹을 뿌리치지 못하고 넘어가 버렸습니다.

구삼은 은둔할 세상에 매인 바가 있다.

구삼의 자리는 내괘에 있긴 해도 그래도 양효로서 내괘 중에 제일 위에 있는지라 은둔에 유리합니다. 이런 유리한 면에도 불구하고, 군자로서 은둔해야 할 시기에 구삼은 조정의 실권자인 육이의 회유와 유혹, 온갖 공세에 마음이 흔들려 결국 떠날 결심을 포기하고 눌러앉게 됩니다. 구삼처럼 군자가 군자답지 못한 모습을 보이는 것을 "계둔"이라 표현했는데, 이는 마땅히 떠나야 할 때 떠나지 못하고, 소인배인 육이에 기대어 부귀영화를 누리는 비굴한 처지를 나타냅니다.

그러다 보니 병으로 지치고 위태롭게 되었으니,

둔괘에서 육이는 주효이자 조정의 실권자이긴 하지만, 결국에는 음효에 해당합니다. 양은 군자를 상징하고 음은 소인배를 상징하므로, 떠나려는 구삼을 붙잡는 육이는 겉으로는 정인군자처럼 행동하지만 실상은 소인배입니다. 처음에 구삼은 이를 몰랐을지 모르지만, 점차 자신이 소인의 꾐에 빠졌음을 깨닫게 됩니다. 이로 인해 구삼은 마음의 병을 얻게 됩니다. 그 병이 점점 깊어지면서 구삼은 나날이

쇠약해질 수밖에 없습니다. 이것이 바로 병으로 지친다는 "유질(有疾)" 입니다.

구삼은 병마에 지칠 뿐만 아니라, 언제 육이가 자신에게 해를 끼칠지 모른다는 두려움에 떨게 됩니다. 애당초 구삼과 육이의 관계는 정당함이나 마땅함으로 의기투합한 관계가 아닙니다. 육이가 구삼에게 일방적으로 아부하여 맺어진 관계입니다. 정의와 상관없는 이런 관계는 언제든 이익에 따라 끊어질 수 있는 불안한 관계입니다. 구삼은 육이가 언제든 표정을 바꿔 자기에게 몹쓸 짓을 할 수 있음을 알기에 두려움 속에서 살아야 합니다. 이것이 바로 위태롭게 되었다는 "려(厲)"입니다.

(이 정도 인물이라면) 하인과 하녀를 기르는 데에는 길하다.

"畜臣妾(휵신첩), 吉(길)"은 구삼처럼 자기 자신의 마음을 제대로 다스리지 못하는 사람은 큰일을 맡아 해서는 안 된다는 뜻입니다. 구삼은 은둔해야 할 상황에서 육이의 유혹에 넘어가 소인배가 이끄는 조정에 참여한 대가로 부귀영화를 누리고 있습니다. 버려야 할 미련을 떨쳐내지 못하고 연연하는 인물에게 국가 대사를 맡길 수는 없습니다. 이 정도 인물에게 적합한 일은 하인이나 하녀를 돌보는 작은 일입니다. 한 마디로 구삼은 큰일을 맡기에는 깜냥이 안 됩니다.

九四(구사), 好遯(호둔), 君子吉(군자길), 小人否(소인부).
구사는 좋아하지만 은둔하니, 군자는 길하고 소인은 그렇지 않다.

구사의 처지

구사의 자리를 먼저 살펴보면, 구사는 큰 단점 둘에 장점 하나를 가진 처지입니다. 단점 하나는 구사가 양효로서 네 번째 음의 자리에 있다는 것입니다. 다른 단점은 네 번째 구사와 호응하는 자리는 첫 번째 자리인데, 현재 그 자리를 초육이 차지해 구사와 초육 사이에 밀접한 '정응'의 관계가 성립해 있다는 점입니다. 장점은 구사가 은둔해야 할 때 그나마 외괘에 처해 있다는 점입니다.

정리하자면, 구사는 밖에 있지만 안에 있는 초육에게 마음이 얽혀 있습니다. 은둔해야 할 상황에서 사랑하는 사람과의 관계를 끊어야 할지 말아야 할지 깊은 고민에 빠져 있습니다. 구사는 이러한 복잡한 처지를 상징합니다.

구사는 좋아하지만 은둔하니,

구사와 짝이 되는 자리는 첫 번째인데, 그 자리에 마침 초육이 있습니다. 구사와 초육은 양과 음으로 만나는지라 좋아하는 관계를 형성합니다. 앞에서 보았듯이, 초육은 은둔의 시기에 내괘 가장 깊숙한 데에 자리한 데다가 심지어 떠날 마음조차 없습니다. 은둔의 시기에 좋아하는 사람을 안에 둔 구사는 초육을 두고 떠나야 할지, 머물러야 할지 깊은 고민에 빠지게 됩니다.

구사는 초육을 두고 떠나야 함을 압니다. 비록 구사가 음의 자리에 있지만, 그는 양효로서 군자의 자질을 지니고 있기에 그것은 알고 있습니다. 이것을 실천할 수 있느냐가 이제 문제입니다. 그래서 좋아하는 사람이 안에 있지만 떠나야 한다고 말하는 것이 바로 '호둔(好遯)'입니다.

군자는 길하고 소인은 그렇지 않다.

구사의 상황을 극단적인 예로 들어보겠습니다. 당신은 두만강을 넘어 순사의 감시망을 피해야 합니다. 그러나 당신의 연인인 초육은 함께 갈 수 없는 상황입니다. 홀로라도 강을 건너야 하지만, 초육이 남겨질 것을 생각하면 발걸음이 떨어지지 않습니다. 심지어 초육은 당신이 괜한 일을 벌이고 있다고 여기는 눈치입니다. 당신은 은둔해야 할 때임을 알지만, 떠나면 사랑하는 사람이 소인배의 세상에 홀로 남겨지게 될 것입니다. 이런 상황에서 구사인 당신은 어떻게 해야 할까요?

둔괘에 의하면, 은둔해야 할 때는 아무리 미련이 남아도 모든 것을 버리고 떠나야 군자라는 것입니다. 사랑하는 사람이 당신을 붙잡더라도 끊어내고 떠나야만 군자로서의 길을 걸을 수 있습니다. 이것이 바로 "君子吉(군자길)"입니다. 반면, 소인은 군자처럼 행동하지 못합니다. 소인은 사사로운 인연에 얽매여 전체를 보지 못하고 결국 정확한 결단을 내리지도 실행하지도 못합니다. 이것이 바로 "小人否(소인부)"입니다.

구사와 구삼을 비교해 봅시다. 둘 다 양효로서 군자의 자질을 지니고 있으며, 은둔해야 할 상황에 놓여 있습니다. 구사는 초육이라는 정인이 안에서 그의 발목을 잡고 있고, 구삼은 육이가 끈질기게 유혹한다는 점에서 둘의 처지가 매우 비슷합니다. 그러나 결과는 딴판입니다. 구사는 은둔에 성공했지만, 구삼은 마음의 병과 두려움을 얻었습니다. 구사는 상황에 적합한 결단을 내렸고 그것을 실행에 옮겼지만, 구삼은 그렇게 하지 못했기 때문입니다. 버려야 할 때는 아무리 소중한 것이라도 버릴 줄 아는 강한 결단과 실행이 필요합니다. 이는 누구에게나 어려운 일입니다. 구사도 마찬가지였습니다. 구사라도 사사로운 인연에 얽매였다면, 은둔에 성공하지 못했을 것입니다. 그래서 오직 진정한 군자만이 인연을 끊고 결단을 내려 길함을 얻는다고 말하고 있습니다.

九五(구오), 嘉遯(가둔), 貞(정), 吉(길).
구오는 아름다운 은둔이니, (육이를) 바르게 하되 길하니라.

구오의 처지

먼저 구오의 자리를 살펴보겠습니다. 구오는 '강중(剛中)'입니다. 이는 구오가 양효로서 양의 자리에 있을 뿐만 아니라, 동시에 가운데 자리를 차지하고 있다는 뜻입니다. 그래서 구오는 '군자를 넘어선 군자'로 표현할 수 있습니다. 오늘 말로 '넘사벽 군자', 옛날 말로는 '성인(聖人)'에 해당합니다.

구오의 정해진 호응 상대는 두 번째 자리인 육이입니다. 구오와 육이는 양과 음으로 만나 정응(正應) 관계를 형성합니다. 이때 은둔의 상황 속에서 떠나지 못하는 육이는 군자를 붙잡아두려 하지만, 구오는 군자를 넘어선 군자로서 쉽게 흔들리지 않습니다. 육이는 그를 붙잡기 위해 가능한 모든 회유책을 동원하겠지만, 구오는 단순히 은둔에 성공한 것에 그치지 않고, '아름다운 은둔'을 이루어냅니다. 그렇다면 왜 구오의 은둔이 특별히 아름답다고 평가받을까요? 이는 구오의 걷는 길이 구삼이나 구사의 그것과는 차원이 다르기 때문입니다.

우선, 구오와 구사를 비교해 보겠습니다. 구사가 초육과 정응 관계를 형성하듯이, 구오는 육이와 정응 관계를 맺고 있습니다. 안에 짝이 있다는 점에서, 구사와 구오는 비슷한 처지에 놓여 있는 것처럼 보입니다. 그러나 구사는 양효로서 음의 자리에 있지만, 구오는 양효로서 양의 자리에 있습니다. 또한, 구오는 구사보다 더 위에 자리하기에 은둔하기 훨씬 유리한 처지입니다. 게다가 구오는 가운데 자리를 차지하고 있습니다. 이래저래 구오는 은둔의 시기에 그 누구보다 유리한 위치에 있는 셈입니다. 물론 '역'의 세계에선 절대는 없지만, 구오가 놓인 처지가 구사의 그것보다 은둔함에 수월하다는 것은 분명해 보입니다.

다음으로 구오와 구삼을 비교해 보겠습니다. 구오와 구삼은 모두 양효로서 양의 자리에 있지만, 두 가지 큰 차이점이 있습니다. 첫째, 구오는 은둔의 시기에 이미 외괘에 자리 잡고 있지만, 구삼은 여전히 내괘에 머물러 있다는 점입니다. 둘째, 구오는 가운데 자리에 있지만, 구삼은 가운데 자리가 아닙니다. 이러한 차이 때문에 구삼은 호응 관계도 아닌 육이(六二)의 간사한 유혹에 빠져 은둔의 시기에 떠나지 못하고, 결국 마음의 병에다가 두려움까지 얻게 되었습니다. 반면, 구오는 정응 관계에 있는 육이가 안에 있어도 전혀 얽매이지 않습니다. 구오는 '강중' 즉 양효로서 양의 자리에 있는 데다가 가운데 자리를 차지해서, 현명함, 결단력 그리고 실행력이 남에 비할 바가 아닐 정도로 뛰어나기 때문입니다.

구오는 아름다운 은둔이니,

구오는 강중(剛中)의 위치에 있어 군자를 넘어선 군자로 평가받습니다. 그렇다면 군자를 넘어선 군자는 구체적으로 무엇이 다를까요? 그 차이는 '기미(幾微)'를 읽어낼 수 있는 능력에서 비롯된다고 할 수 있습니다. 오늘날 기미는 단순한 눈치나 낌새를 의미하지만, 『역전(易傳)』에서의 기미는 그 이상입니다. 이는 '아직 드러나지 않은 징조를 포착하고 예측하는 능력'을 뜻합니다.

이 개념을 이해하기 쉽게 예를 들어보겠습니다. 율곡 이이 선생이 주장한 십만양병설을 떠올려 봅시다. 전쟁이 발생한 후에 대응책을 세우는 것은 늦습니다. 전쟁이 나기 전에 미리 준비하여 전쟁을 막는 것이 가장 바람직합니다. 만약 율곡 이이 선생의 제언대로 미리 십만 병사를 양성했다면 임진왜란이 일어났을까요? 또는 전쟁이 발생했더라도 그렇게 많은 조선인이 죽었을까요? 이것이 기미를 읽는 것입니다. 전쟁 전에 십만 병사를 양성하고, 발병 전에 예방하는 것이 바로 기미를 아는 것입니다. 낌새나 눈치는 이미 발생한 일에 대한 즉각적인 반응에 가깝지만, 기미는 아직 일어나지 않은 일에 대한 장기적인 예측을 의미합니다. 십익(十翼) 중 하나인 「계사 상」에서는 성인(聖人)

정도 되어야만 『주역』을 통해 기미를 정밀하게 파악할 수 있다고 말합니다.[5)]

구오는 기미를 헤아릴 줄 아는 '군자를 넘어선 군자'입니다. 그는 육이의 유혹이 시작되기 전에 이미 은둔을 마쳤기 때문에 구사처럼 어려운 결단을 내릴 필요조차 없었습니다. 그래서 기미를 미리 알아차린 구오의 은둔이 '아름답다'라고 평가받는 것입니다.

(육이를) 바르게 하되, 길하니라.

여기서 '정(貞)'은 구오가 안에 있는 육이를 바르게 한다는 뜻입니다. 구오는 이미 은둔을 마친 상태입니다. 육이가 그를 붙잡기 전에 구오는 상황을 모두 간파하고 은둔에 성공했습니다. 그런데 그는 단순히 자기만의 편안함을 추구하는 데 그치지 않고, 자기 짝인 육이를 도와줍니다. 이것은 육이가 구삼을 붙잡을 때 보여준 간사함과 요사스러움을 버리고 바르게 설 수 있도록 이끈다는 의미입니다.

구오가 이런 행동을 할 수 있었던 이유는 그가 강중(剛中)의 위치에 있고 육이와 정응 관계를 맺고 있었기 때문입니다. 군자를 넘어선 군자라도 소인을 바르게 이끄는 것은 결코 쉬운 일이 아닙니다. 소인은 언제든 낯빛을 바꾸고 등을 돌릴 수 있는 존재이기 때문입니다. 구오는 강중의 자리에 있고, 육이와의 정응 관계 덕분에 육이가 그의 뜻을 거스르지 못합니다. 구오는 자신의 은둔을 완수했을 뿐만 아니라, 육이를 바르게 이끄는 일까지 이루었으니 길하다고 한 것입니다.

上九(상구), 肥遯(비둔), 无不利(무불리). (无=無)

상구는 넉넉하게(또는 거리낌 없이) 은둔하니, 이롭지 아니함이 없다.

상구의 처지

상구(上九)의 자리를 먼저 보겠습니다. 상구는 양효로서 음의 자리에 있어 정위(正位)에는 해당하지 않습니다. 그러나 상구는 둔괘에서 가장 높은 여섯 번째 자리, 즉 제일 위이자 가장 바깥쪽에 있습니다. 상구가 둔괘를 벗어나 은둔하고자 한다면 벗어나려는 위쪽에는 조약돌 한 개라도 걸림돌이 없습니다. 구삼을 떠올려 봅시다. 구삼이 은둔하려고 한다면 위로 얼마나 많은 장애물이 있습니까? 구삼은 강건한 양효들인 구사, 구오, 상구를 모두 통과해야 합니다. 따라서 상구는 은둔의 상황에서 매우 유리한 자리에 있다는 점이 정위가 아님을 충분히 상쇄하고도 남습니다.

여섯 번째 자리인 상구와 호응하는 자리는 세 번째 자리인데 현재는 구삼이 있습니다. 상구와 구삼은 모두 양효라서 서로 호응하지 않습니다. 상구는 안쪽에 짝도 없는 상태입니다. 상구는 은둔할 때 어디 하나 정에 얽매일 데가 없습니다.

상구는 넉넉하게(또는 거리낌 없이) 은둔하니,

상구의 은둔을 상징하는 '비(肥)'는 오늘날 '비만'이라고 할 때의 '비'입니다. 그런데 넉넉하다고 할 때의 '비'에는 '풍성하다'라는 의미만 담겨 있는 것이 아니라, '여유롭게'라는 의미도 함께 들어 있습니다. 이 '여유롭게'라는 의미는 '거리낌 없이'라는 의미로 연결됩니다. 그러니까 '비'를 '넉넉하게'라고 풀어도 되지만, 거기에 '여유롭게'라는 의미까지 보태 '거리낌 없이'라고 풀어도 좋을 성싶습니다.

상구는 둔괘의 가장 바깥쪽이자 가장 위에 있습니다. 그가 더 바깥으로 나가려고 하거나 더 위로 올라가려 할 때 이를 막아서는 장애물은 전혀 없습니다. 또한, 위가 뚫려 있는 상구의 바로 밑에는 양효로 구성된 구오와 구사가 있습니다. 그렇다 보니 상구 주변에서 소인배를 찾으려야 찾을 수도 없으며, 그를 유혹하거나 방해하는 존재도 없습니다. 게다가 상구는 안에 짝도 없습니다. 상구와 호응하는 세 번째 자리는 구삼이 차지하고 있습니다. 둘 다 양효라 서로를 밀쳐내는 형국입니다. 달리 말해, 상구는 조정 안에서 발목을 붙들어 매는 존재조차 없습니다. 상구는 안에도 밖에도 정을 줄 상대가 전혀 없으니, 그렇지 않아도 은둔해야 할 때 떠나면서 뒤를 돌아볼 필요조차 없는 처지입니다. 그러기에 '넉넉하게' 또는 '거리낌 없이'라는 수식어가 붙었습니다.

이롭지 아니함이 없다.

상구의 처지를 구삼, 구사, 구오와 비교하면 더욱 실감이 납니다. 구삼은 은둔의 시기에 육이에게 발목이 잡혀 떠나지 못합니다. 구사는 조정 안에 좋아하는 사람이 있어, 공사나 대소를 구별하고 이를 실행할 수 있는 군자여야 길합니다. 구오는 육이의 유혹이 닥치기 전에 기미를 파악해 이미 은둔했습니다만, 또 다른 과제가 있습니다. 떠날 수 없는 육이가 간사함을 버리고 뜻을 바로잡도록 돕는 일입니다. 비록 구오가 이미 은둔한 상태라 구오에게 큰 피해가 닥치지는 않을지라도, 소인배를 변화시키는 일은 매우 어려운 과제입니다. 평상시에도 소인배를 변화시키는 것은 힘든 일인데 은둔의 상황에서는 얼마나 어렵겠습니까. 구오가 강중의 자리에 있지 않았다면 시도조차 못했을 일입니다.

상구는 구삼처럼 가까이에서 유혹하는 소인배도, 구사처럼 마음을 무겁게 하는 상대도 없습니다. 구오처럼 뜻을 바로잡아야 할 짝도 없습니다. 이런 상구는 은둔할 때 은둔이 옳은 선택인지 의심할 필요가 없으며, 미련이나 정 때문에 뒤를 돌아볼 이유도 없습니다. 상구의 은둔에는 어떠한 의심이나 미련이 없기에, 어떠한 경우라도 "이롭지 않음이 없다"라고 한 것입니다.

강의 노트

이제 5장을 정리하겠습니다. 동아시아 전통 사유 방식에서는 부분과 개인을 전체와 분리해 생각하는 것이 불가능하다고들 얘기합니다. 이는 누구도 부정하기 어렵습니다. 그러나 필자는 이러한 사유 방식 속에서도 개인의 특수성이 충분히 존중될 수 있으며, 동아시아적 사고가 전체주의나 획일주의를 옹호하는 것이 아님을 드러내고 싶었습니다. 이를 위해 『역경』의 33번째 괘인 둔괘(䷠)를 선택했습니다. 둔괘가 하나의 공통된 상황에서 각자가 처한 위치에 따라 결단의 내용과 실행할 바가 달라짐을 고스란히 보여준다고 판단했기 때문입니다. 둔괘 풀이 과정이 독자 여러분에게 전체와 관계를 중시하면서도 각자가 처한 처지의 특수성을 고려하는 동아시아적 사고의 유연함을 엿볼 수 있는 시간이 되었기를 바랍니다.

6장 공자(孔子)와 『논어(論語)』: 중화(中和)가 실현된 삶의 방식

첫걸음

바로 앞 장에서는 고대 동아시아 전통이 후대에 물려준 사유 방식을 『주역(周易)』을 통해 다루었습니다. 이번 장에서는 인류의 4대 스승 중 한 명인 공자가 제안한 삶의 방식을 『논어』를 통해 살펴보겠습니다.

춘추시대 말기, 노(魯)나라에서 태어난 공자(孔子, 기원전 551~479)는 불우한 어린 시절을 보냈습니다.[1] 그의 아버지 숙량흘(叔梁紇)은 당시 힘과 용기로 명성을 떨치던 인물이었으나, 공자가 태어난 지 얼마 지나지 않아 세상을 떠났습니다. 공자는 어린 나이에 아버지를 잃고, 18세가 되기 전에 어머니마저도 잃게 되었습니다. 16세 혹은 17

세에 고아가 된 공자는 가난과 싸우며 정신적으로도 큰 어려움을 겪었습니다.

공자는 자신의 철학과 능력을 현실 정치에서 발휘하고자 했습니다. 그러나 기회다운 기회가 주어지지 않았고, 그의 포부는 점차 꺾였습니다. 20세 이후 자신의 조국인 노나라에서 작은 벼슬을 맡았고 50세 이후에는 더 큰 벼슬도 하였으나, 어느 하나 성공적으로 이루어지지 못했고 그마저도 오래가지 않았습니다. 이후 공자는 자신의 뜻을 받아줄 군주가 있을까 하여 천하를 떠돌며 주유(周遊)했으나 끝내 뜻을 펼칠 기회를 얻지 못했습니다.

공자의 고난은 정치적인 좌절뿐만 아니라 개인적인 비극으로도 이어졌습니다. 그는 자신의 아들이 먼저 세상을 떠났고, 그보다 더 아끼던 수제자 안회(顔回, 기원전 521~481) 또한 자기보다 앞서 죽는 슬픔을 겪어야 했습니다. 공자가 안회를 얼마나 사랑했는지를 보여주는 일화가 있습니다. 아들이 죽었을 때는 울지 않았던 그가 안회가 죽었을 때는 "아, 하늘이 나를 버리셨구나! 하늘이 나를 버리셨구나!"라고 하며 크게 울부짖었습니다.[2] 당시 사람들은 그가 지나치게 울부짖는 모습을 보고 "저런 사람이 성인일 리 없다"라고 흉을 볼 정도였습니다.

공자는 일생 동안 자신의 뜻을 온전히 펼치지 못한 채 여러 좌절을 겪었습니다. 그의 행적과 사상은 다양한 문헌에 기록되어 있지만, 공자의 철학을 이해하는 데 가장 중요한 자료는 바로 『논어』입니다.[3] 『논어』에 접근하는 방식은 크게 두 가지가 있습니다. 하나는 문맥을 떠나 어느 페이지든 펼쳐 읽고, 그 내용을 주제로 토론하거나 숙고하는 방식입니다. 다른 하나는『논어』의 맥락을 파악하고, 이를 참고해 처음부터 읽기 시작하는 방식입니다. 후자의 방식은『논어』 해제를 참고하는 것이 도움이 됩니다.

『논어』 해제에서 다룰 항목은 세 가지입니다. 첫째, '논어'라는 책 이름 자체에 깃들어 있는 의미입니다. 이를 위해 '논어'를 '논'과 '어'로 나누어 그 의미를 살펴볼 것입니다. 둘째,『논어』의 저자와 편집자, 그리고 편집 방식에 관한 이야기입니다. 마지막으로『논어』가 완성된 시기, 즉 성서(成書) 시기를 다룰 예정입니다.

이제부터『논어』 해제에서 다룰 첫 번째 항목에 관해 설명하겠습니다. 첫 번째는 바로 '논어'라는 책 이름에 깃든 의미입니다.『논어』의 제목은 단순히 한 권의 책을 지칭하는 것을 넘어, 그 안에 담긴 철학과 사유를 상징적으로 드러내고 있습니다. 이 제목이 왜 이런 의미를 가지게 되었는지, '論(논)'과 '語(어)로 나누어 살펴보겠습니다.

'論語(논어)'라는 이름에서 '논'은 '논찬(論纂)'이라는 의미를 지닙니다. '논'은 '논술'의 논이나 '논리적'이라고 할 때의 '논'을 말하니, '가치나 우열 등을 따져서 쟁론하다' 즉 '평론하다'의 의미로 풀 수 있습니다. '纂(찬)'은 편찬을 의미하며, 여러 자료를 모아 체계적으로 정리하고 엮는 과정을 뜻합니다. 따라서 '논찬'이란 자료의 가치를 따져 정리하고 엮는 일련의 과정을 의미하게 됩니다.

이제 '어'를 살펴보겠습니다. '어'는 '언(言)'과 마찬가지로 '말하다'라는 의미가 있습니다. 굳이 '언'이 아닌 '어'가 쓰인 이유는 '어'에는

'대화로 나눈 말'이라는 의미가 담겨 있기 때문입니다. 따라서, '논'과 '어' 두 글자를 종합하면, 『논어』는 대화로 나눈 내용을 평론하고 편찬한 책이라고 해석할 수 있습니다.

『논어』의 저자가 누구인가를 확인하면 『논어』에 관한 앞 단락의 설명보다 더 풍부한 이해를 얻을 수 있습니다. 많은 사람이 『논어』를 공자가 직접 쓴 책이라고 오해하는 경우가 많지만, 『논어』는 공자가 직접 지은 책이 아닙니다. 『논어』 이외에도, 공자가 여러 책을 썼다는 구전들은 전부 신화나 전설에 가깝습니다. 소크라테스가 단 한 권의 책도 직접 쓰지 않았듯이, 현재 학계에서 밝혀진 바에 따르면 공자가 직접 쓴 책은 없습니다.

공자가 『논어』의 저자가 아니라면 과연 『논어』의 저자는 누구일까요? 바로 공자 직계 제자의 제자들, 즉 재전(再傳) 제자들이 『논어』를 '최초로' 편찬한 사람들입니다. 공자가 세상을 떠난 뒤 한 세대가 지나면서, 공자의 재전 제자들은 자신들의 스승의 스승인 공자가 역사에 길이 남을 비범한 인물임을 깨닫게 되었습니다. 공자의 재전 제자들은 흩어져 있던 공자와 관련된 기록을 모으기 시작했습니다. 이 기록의 대부분은 공자와 제자들의 대화, 공자와 당시 권력자들의 대화, 공자와 사람들의 대화, 제자들 사이의 대화 그리고 공자의 행적이었습니다. 재전 제자들이 이 중에서 어느 대화, 기록, 행적이 공자의 철학이나 사상에 가까운지를 가려 뽑아 엮어낸 것이 최초의 『논어』입니다. 요약하자면 『논어』는 공자가 쓴 책이 아니라, 공자의 재전 제자들이 공자와 여러 사람과의 대화를 평론하여 엮은 일종의 대화록입니다.

최초의 『논어』가 '정확히' 언제 그리고 누구에 의해 편찬되었는지에 대한 학설은 복잡하고 난해하여 여기서 다룰 수는 없습니다. 다만 지금 우리가 『논어』라고 일컫는 이 책이 누구에 의해 언제 편찬되었는지는 정설이 있습니다. 유방(劉邦)이 세운 한나라 초기 때 승상이라는 직책에 오른 장우(張禹, 기원전 ?~기원전 5)라는 인물이 있습니다. 장우가 승상이라는 높은 자리에 오른 것은 분서갱유(焚書坑儒) 이후 맥이 끊겼던 진시황 이전 시대 문헌에 조예가 깊었기 때문입니다.[4] 문헌에 밝은 장우는 당시 시중에 돌아다니던 세 가지 판본[5]의 『논어』를 모아 비교 분석하여 『장후론(張侯論)』이라는 책을 하나 만들었습니다. 이 『장후론』이 오늘날 우리가 보고 있는 『논어』입니다.[6] 결국, 현재 통용되는 『논어』는 공자의 재전 제자들이 편찬한 그 『논어』가 아니라, 장우라는 인물이 편찬한 『장후론』입니다.

공자와 『논어』는 동아시아뿐만 아니라 전 세계적으로 지대한 영향을 미쳤습니다. 비록 공자의 사상과 『논어』는 고대 중국에서 탄생했지만, 그 가르침은 수 세기에 걸쳐 다양한 문화권에서 연구되고 가르쳐지며 인류의 보편적 가치로 자리 잡았습니다. 이는 공자와 『논어』가 동아시아 문화권만의 유산이 아니라, 전 세계적으로 공감받고 실천되는 가치임을 의미합니다. 이러한 관점에서 보면, 공자와 『논어』는 종이, 인쇄술, 화약, 음양(음력 포함)과 함께 동아시아가 전 세계에 선사한 가장 중요한 유산 중 하나로 평가될 수 있습니다. 그 영향력은 오늘날에도 여전히 계속되고 있으며, 공자의 가르침은 전 세계 각지에서 살아 숨쉬고 있습니다.

중화(中和):
공자가 제안한 삶의 방식

『중용(中庸)』이라는 책에 대해 들어보셨나요? 이 책은 원래 『예기』라는 책의 한 편에 불과했습니다.[7] 그러나 중국 송나라 시기에 대표적인 유학자인 주희(朱熹, 1130~1200)는 중용이 공자의 철학과 사상을 매우 잘 담고 있다고 생각했기 때문에 『논어』, 『맹자』, 『대학』과 함께 사서(四書)로 편찬하였습니다.

주변에서 "나는 중용을 지키는 타입이라 1과 100 사이에서 언제나 50을 추구하지"라고 말하는 분들을 종종 볼 수 있습니다. 그러나 이는 중용에 대한 흔한 오해 중 하나입니다. 1과 100 사이에서 50을 추구하는 삶은 중용의 삶이라기보다는, 단순히 중간을 지키는 삶의 방식이라 할 수 있습니다. 중용이란 어떤 상황에서든 단순히 중간을 선택하는 것이 아니라, 그 상황에 따라 적절하게 반응하는 것입니다. 때로는 1만큼, 때로는 99.999만큼 화를 내거나 기뻐하거나 슬퍼하거나 즐거워하는 것이 바로 중용입니다. 지금부터 중용이 왜 50을 추구하는 삶이 아닌지, 중용이라는 단어를 철저히 해체하며 알아보겠습니다. '중'이 다소 복잡한 개념이므로, 먼저 '용'의 의미부터 알아보겠습니다.

'용'에는 두 가지 뜻이 있습니다. 하나는 '쓸 용(用)'이고, 다른 하나는 '상(常)'의 뜻입니다. 여기서 '상'은 일반적으로 알려진 '언제나' 또는 '항상'이라는 의미가 아니라, '떳떳한'이라는 의미입니다. '용'의 의미가 두 가지이긴 하지만, 이 둘을 나눠서 생각할 필요는 없습니다.

떳떳한 것만이 언제든 쓸 수 있지 않겠습니까.

다음으로, '중'은 '중화(中和)'의 의미인데, 이 중화를 이해하기 위해서 또다시 '중'과 '화'를 분리한 다음 살펴봐야 합니다. ' '중화'에서의 '중(中)'은, 사람이 태어날 때부터 지닌 본성을 뜻합니다. 여기서 중요한 점은, 이 '중(中)'이란 아직 밖으로 드러나지 않은, 표현되지 않은 상태의 본성을 의미한다는 것입니다. 이를 이해하기 위해 좋은 예로 '희로애락'이 발현되기 전과 후를 들 수 있습니다. '희로애락'이 발현되었다는 것은, 사람이 어떤 상황이나 타인과의 접촉을 통해 기쁨, 분노, 슬픔, 즐거움을 느끼게 되었음을 의미합니다. 반대로, '희로애락'이 아직 생겨나기 전이란, 상황이나 타인과의 접촉이 없을 뿐 아니라, 마음속에 어떠한 혼란스러운 생각조차 일어나지 않은 상태를 뜻합니다. 따라서 '중화'에서의 '중(中)'은 바로 이러한 '희로애락'이 생기기 전, 즉 인간의 본래적이고 순수한 본성을 가리킨다고 할 수 있습니다.

그럼 '중화(中和)'의 '화'는 무엇일까요? 이 '화'는 발휘되지 않은 사람의 본성이 어떤 상황, 어떤 사건 그리고 어떤 사람과 만났을 때, 장소와 때 그리고 처지에 알맞게 발휘되는 것을 말합니다. 이를테면, 태권도 5단의 20대 젊은이가 술에 취해 길에서 휘청이다가 마침 새벽기도 가던 할머니와 살짝 부딪쳤는데, 할머니가 시비를 걸었다며 돌려차기를 한 상황을 상상해 보시죠. 이 상황을 접한 사람이 1부터 100까지의 분노의 감정 중 50만큼의 분노만 내는 것이 적절할까요? 아니면 100만큼 분노하는 것이 적절할까요? 이처럼 100의 분노를 느껴야 할 때 그에 맞는 분노를 느끼는 것이 중화의 '화(和)'입니다.

정리하자면 중용이란 '중화를 실현한 것'을 말합니다. 상황에 따라 적절하게 반응하며, 단순히 중간을 선택하는 것이 아니라, 그때마다 가장 올바른 행동과 감정을 표현하는 것이 진정한 의미에서의 중용입니다. 이러한 중용의 태도를 지키고자 했던 공자의 사례를 『논어』에서 쉽게 찾아볼 수 있습니다. 아래 인용문들을 봅시다. 세 명의 제자가 공자에게 '인이 무엇인지'에 대해 똑같은 질문을 하고 있습니다. 이런 상황에서 공자는 어떻게 답변했을까요?

A : 제자 사마우가 인(仁)을 묻자, 선생님이 대답하였다. "인(仁)한 사람은 말을 쉽게 하지 않느니라." 사마우가 말하였다. "말을 쉽게 하지 않으면 인(仁)이라고 할 수 있습니까?" 선생님이 대답하였다. "인(仁)을 행하는 것이 어려우니, 인(仁)을 말하는 것 또한 어렵지 않겠는가!"[8)]

B : 제자 번지(樊遲)가 지(知)를 묻고 나서 곧바로 인(仁)을 물으니, 공자가 대답하였다. "인(仁)한 사람은 어려운 일을 먼저하고 난 뒤에 공을 얻으니, 그래야 인(仁)하다고 일컬을 수 있다."[9)]

C : 제자 중궁(仲弓)이 인(仁)을 물으니, 선생님이 대답하였다. "문을 나서서는 중요한 연회에서 손님을 만나는 것처럼 하고, 백성들을 부릴 때에는 큰 제사를 받드는 것처럼 하며, 자기가 원하지 않는 것을 남에게 베풀지 말지어다. 그렇게 하면 제후가 되어서도 원망하는 사람이 없고, 경·대부 벼슬을 하더라도 원망하는 사람이 없을 것이다."

중궁이 말하였다. "제가 비록 불민하지만, 이 말씀을 받들어 실천하겠습니다."[10]

공자가 똑같은 질문에 매번 다르게 설명한 것은, 그가 만난 상대가 전부 달랐기 때문입니다. A에서 공자의 대화 상대는 제자인 사마우입니다. 사마우는 말이 많고 성격이 조급한 사람으로 알려져 있습니다.[11] 공자는 사마우의 말 많고 조급한 성격을 고려하여 "말을 쉽게 하지 마라"라는 답변을 내놓았습니다. 반면, B에서 대화 상대는 제자 번지입니다. 번지는 공자의 문하에 입문한 직후, 군자가 되기 위해 필요한 장기적인 노력을 기다리지 못하고, 단기간에 성과를 내고 싶어 농사짓는 법을 물었던 인물입니다.[12] 공자는 번지의 이런 급급해하는 태도를 나무라기 위해 "어려운 일을 먼저 하고 나중에 공을 얻는 것"이라 답변한 것입니다. C에서 대화 상대는 중궁입니다. 중궁은 공자가 덕행을 포함한 모든 분야에서 최고로 인정한 네 명의 제자 중 한 사람입니다.[13] 공자는 중궁을 높은 벼슬자리는 물론, 한 나라를 맡겨도 될 인물로 평가하고 있습니다.[14] 공자는 중궁의 인물을 높이 평가했기에, 그에게 국가 최고 통치자로서의 마음가짐을 가르친 것입니다.

공자가 때와 장소 그리고 대상에 따라 다르게 대응하는 것을 보다 극적으로 보여주는 예가 있습니다. 공자는 심지어 동일한 사람이 같은 질문을 했음에도 때에 따라 다르게 대답하였습니다. 먼저, 원문을 보시죠.

B : 제자 번지(樊遲)가 지(知)를 묻고 나서 곧바로 인(仁)을 물으니, 공자가 대답하였다. "인(仁)한 사람은 어려운 일을 먼저하고 난 뒤에 공을 얻으니, 그래야 인(仁)하다고 일컬을 수 있다."[15]

D : 번지가 인(仁)을 물으니, 선생님이 대답하였다. "평소 거처할 적에는 공손히 하고, 일을 처리할 때는 신중히 하고, 다른 사람과 사귈 적에는 충심을 다하는 것이다. 비록 (예의가 없는) 오랑캐 땅에 가더라도 이것을 버려두고 행하지 않아서는 안 된다."[16]

A, B, C에서 공자의 대화 상대는 다 달랐습니다. 하지만 방금 본 B와 D에서는 상대가 제자 번지로 같습니다. 대화 상대만 같은 것이 아니라 질문도 같은데 답변만 다릅니다. 같은 내용을 같은 사람이 질문하는데, 왜 답변이 다를까요? 번지는 공자 말년에 공자를 수행하며 그의 가르침을 깊이 배우게 되었고, 이를 통해 성장을 이루었습니다. 초기의 번지는 성과에만 급급한 상태였지만, 시간이 흐르면서 사람을 천거하고 지휘할 수 있는 자질을 갖춘 인재로 변모했습니다. 공자는 이러한 번지의 성장을 간파하고, 그에 맞추어 그의 질문에 대한 답변을 조정했습니다. 즉, 공자는 번지가 처한 상황과 그의 성장 단계에 맞게 위정자가 지녀야 할 덕목에 관한 가르침을 주었습니다. 공자 사후 번지가 노나라 군대의 장군으로 출전했다는 기록을 보면, 번지에게 때에 맞춰 다른 조언을 한 공자의 가르침이 매우 적절했음을 알 수 있습니다.[17] 공자는 B의 대화가 이루어질 당시의 번지와 D의 대화가 이루어질 당시의 번지를 각각 다르게 보고 있었습니다. 같은 사

람이라도 때와 장소에 따라 다르게 보는 것이, 공자가 제안한 중화가 실현된 삶의 방식입니다.

위기지학(爲己之學): 중화를 이루는 방법

공자가 오늘날까지 칭송받는 인류의 스승으로 불리는 이유는 그가 '배우는 것을 좋아하는 사람'이었기 때문입니다. 흔히 공자를 한마디로 표현할 때, 배우는 것을 좋아하는 선비라는 뜻으로 호학지사(好學之士)라 합니다. 공자가 자기의 배움을 표현하는 대목이 『논어』에 나옵니다.

> 공자가 말하였다. "옛날에 배우고자 하는 사람들은 자기 자신을 위하여 공부하였으나, 오늘날 배우는 사람들은 남을 이기기 위하여 공부한다."[18)]

공자의 이 말에서 그의 배움이 '위기지학(爲己之學)'이라고 불리게 되었습니다. 위기지학은 '위인지학(爲人之學)'과 대비됩니다. 위인지학은 남을 이기기 위해 하거나 경쟁에서 앞서기 위한 공부를 의미합니다. 옛날에는 과거에 급제하기 위한 공부, 오늘날로 치면 시험을 잘 보기 위한 공부입니다. 반면, 위기지학은 자기를 가꾸고 자기완성을 추구하는 공부를 말합니다. 공자는 중화의 삶이 시험에서 높은 점수를 받는 것으로 실현되는 것이 아니라, 오직 자기 자신을 완성하려는 공부를 통해서만 가능하다고 보았습니다.

위인지학과 위기지학의 구분을 위해 일상에서 경험할 수 있는 사례를 들어보겠습니다. 수업에 빠진 후 교수님께 미안하다고 사과하는 학생의 경우를 생각해 봅시다. 수업에 불참해서 손해를 보는 사람은 학생 본인인데, 왜 학생이 교수님께 사과할까요? 이는 그 학생이 공부하는 이유를 자신의 성장에 두기보다, 타인의 기대나 평가에 두기 때문 아닐까요? 이러한 사례가 대표적인 위인지학입니다. 만약 자신을 위해서 공부하고 있었다면 수업에 불참하더라도 그에 합당한 이유가 있었을 것이고, 그렇다면 수업에 빠진 이유에 대해서도 사과할 필요가 없을 것입니다.

사학병진(思學竝進): 배우고 생각하기

위기지학은 기본적으로 두 축으로 이루어집니다. 바로 배우기와 생각하기입니다. 이를 '사색'과 '학습'을 함께 수행한다는 의미로 '사학병진(思學竝進)'이라고 부릅니다. 『논어』의 두 번째 편인 「위정(爲政)」에는 '사학병진'을 관통하는 말이 나옵니다.

공자가 말하였다. "배우기만 하고 생각하지 않으면 종잡을 수 없게 되고, 생각하기만 하고 배우지 않으면 위태롭게 된다."[19]

우선, '배우기만 하고 생각하지 않는' 상황을 상상해 봅시다. 예를 들어, 도서관에 있는 모든 책을 읽기만 하고 사색하지 않으면 어떻게 될까요? 이럴 때, 지식은 체계적으로 정리되지 않고 머릿속에서 혼란스럽게 뒤엉켜 버릴 것입니다. 바로 이것이 '종잡을 수 없다'라는 의미입니다.

다음으로, '생각만 하고 배우지 않는' 상황을 가정해 봅시다. 이는 오늘날 흔히 말하는 '정신 승리'와 유사합니다. 사건의 사실을 관찰하거나 데이터를 축적하는 일을 무시한 채, 오로지 자신의 생각만으로 사건을 규정하는 태도를 말합니다. 이처럼 생각만 하고 배우지 않는 태도는 논리적 일관성을 유지하기는 쉬울지 몰라도, 경험적 관찰과 자료 축적이 부족해져 '현실과 동떨어진 독단'에 빠질 위험이 큽니다. 이는 마치 자기 손바닥으로 하늘을 가리고 이 세상에 하늘이 없다고 선언하는 것과 다를 바 없습니다. 이러한 독단성은 혼자에게만 영향을 미치는 것이 아니라, 주변 사람들에게도 위험을 초래합니다. 인용문에서 말하는 '위태롭게'라는 부사는 단순히 자기 자신만을 곤경에 빠트리는 것이 아니라, 주위 사람들까지도 위험에 처하게 한다는 의미를 담고 있습니다. 사학병진에는 경험적 관찰과 데이터의 축적에 이성적 사유를 가미하여 지식의 내면화와 체계화를 도모한 공자의 호학(好學) 정신이 깃들어 있다고 할 수 있습니다.[20]

공자가 위기지학을 실현하기 위해 제시한 또 하나의 방안은 '무상사(無常師)'의 자세입니다. 이는 특정한 스승만이 존재하는 것이 아니라, 누구나 자신의 스승이 될 수 있다고 여기는 태도입니다. 공자는 이 때문에 사람에 대한 관찰을 매우 중요하게 생각했습니다. 2장에서 다루었듯이, 공자는 상제와 천명에 대한 당시 사람들의 관심을 인간사와 인생 문제로 전환함으로써 동아시아에 철학의 시대를 연 인물입니다. 공자와 같은 인물이 사람에 집중한 것은 자연스러운 일이겠지만, 여기서 구체적인 사례를 확인해 보겠습니다.

> 공자가 말하였다. "세 사람이 길을 걸을 때는 반드시 거기에 내 스승이 있으니, 그 가운데 좋은 점은 골라서 따르고, 좋지 않은 점은 가려내어 내 잘못을 고친다."[21)]

> 공자가 말하였다. "어진 사람을 보면 그와 같아지기를 생각하고, 어질지 못한 사람을 보면 안으로 나 자신을 살펴본다."[22)]

공자는 세상 어디에나 자신의 발전을 위해 스승으로 삼을 사람이 많다고 여겼습니다. 그는 본받을 만한 사람은 정면교사로, 그렇지 않은 사람은 반면교사로 삼았습니다. 그리고 나이나 지위에 상관없이, 누구에게나 배울 점이 있다면 기꺼이 배움을 청했습니다. 그래서 공자는 모르는 것이 있으면 나이가 어린 사람에게 묻는 것도 부끄러워하지 않는다고 직접 밝히기도 했습니다.[23)]

또한, 공자는 글이 지식을 전달하고 이해하는 가장 효과적인 수단이라고 여겨, 글을 통한 배움과 학문을 중시했습니다. 공자는 그가 추구하는 인간상인 군자의 입을 빌려, 글을 배워야 군자가 될 수 있다고 아예 대놓고 밝힙니다. 『시(詩)』는 인간의 감정과 정서를, 『서(書)』는 정치를, 그리고 『주역』은 세상 변화의 이치와 길흉화복을 담고 있습니다.[24] 정리하자면, 공자의 배움은 주변 모든 사람의 행동에서 배우고, 글을 통해 지식을 습득하는 것이었습니다. 공자의 호기심 어린 학구열을 보면, 이 세상이 정말로 본받을 것들로 가득 차 있는 듯하지 않나요? 이제 공자가 왜 그렇게 배움을 좋아했는지 조금은 이해가 되지 않나요?

극기복례(克己復禮): 한계를 극복하다

여러분, 갑작스러운 질문 하나 드리겠습니다. 형이나 언니를 대할 때 어떻게 하면 중용을 지킬 수 있을까요? 이에 대한 공자의 제안을 유교의 기본서인 사서에 속하는 『중용(中庸)』에서 찾을 수 있습니다. 공자가 제시한 기본 원칙은 '내가 동생에게 바라는 태도로 형이나 언니를 대하자'입니다. 이를 응용하면, 내가 부모에게 바라는 태도로 자식을 대하고, 반대로 내가 자식에게 바라는 태도로 부모를 대하자는 것입니다. 임금과 신하, 국가와 국민, 국민과 정치인, 나아가 갑을 관

계에서도 이 원칙을 적용하자는 것이 공자의 제안입니다.25)

공자의 제안, 분명히 간단명료하지만 과연 앞에서 언급한 '관찰과 축적에 사색을 가미하는 것'만으로 가능할까요? 분명 지식의 완성도는 높아지겠지만, 여전히 뭔가 부족한 느낌이 들지 않으세요? 예를 들어, 밤새워 일하거나 놀고 나서 집에 들어가는 경우를 생각해 봅시다. 버스에 타서 운 좋게 빈자리가 있어서 앉았는데, 한 정거장 만에 할머니나 임산부가 내 옆에 서게 되는 상황을 가정해 봅시다. 평소 같으면 망설임 없이 자리 양보할 법도 합니다만, 오늘은 밤을 새운 터라 "오늘은 어쩔 수 없다"라며 일어나지 않는 자신을 정당화하고, 전광석화처럼 눈을 감아 상황을 외면하는 데 성공했습니다. 근데 정당화도 외면도 성공했지만, 마음속 깊은 곳에서 일어나는 불편함 마음은 어쩔 수 없습니다. 사실은 우리 모두가 양보하는 게 '좋다는 사실'은 명확히 알고 있기 때문입니다. 그렇습니다, 사람은 안다고 해서 모든 것을 실천할 수 있는 존재가 아닙니다. 그래서 공자는 아는 것과 실제 행위 사이의 간격을 조금이라도 좁히기 위해 '극기복례(克己復禮)'라는 공부를 제안합니다.26)

극기복례를 해석하는 방식에는 예로부터 두 가지 큰 흐름이 있습니다. '극(克)'이라는 글자를 훈고학적 관점에서 어떻게 풀이하느냐에 따라 달라집니다. 훈고학은 옛 언어를 연구하여 문장을 정확히 해석하고, 고문헌의 사상을 본래 의미 그대로 이해하는 것을 목표로 하는 학문입니다. '극'을 '능(能)'으로 해석하면, '극기'는 '배운 것을 능숙하게 익히는 과정'이 됩니다. 반면 '극'을 '승(勝)'으로 해석하면, '극기'

는 '인간이 본능적 조건이나 한계를 극복하는 과정'을 의미합니다.[27] 두 해석 모두 타당하지만, 이 글에서는 후자에 중점을 두겠습니다.

그렇다면, '자리를 양보하는 자신으로 변화하는 것(극기)'이 어떻게 '예(禮)로 돌아가는 것(복례)'으로 연결될까요? 예(禮)라고 하면 그 뜻을 알아보기도 전에 진절머리부터 치는 사람이 많습니다. 이는 얼마 전까지만 해도 나이 든 사람들이 젊은이에게 일방적으로 강요하던 대표적인 것이 '예의'였기 때문입니다. 기분 나쁜 기억이 있을지라도 예에 대한 필자의 변호를 먼저 들어보시죠.

예는 의례나 의식과 같은 절차이기도 하고 심지어 기구나 기관의 의미도 있으나, 예는 개인적 차원과 사회적 차원을 막론하고 표준이자 준칙입니다. '사회적 차원의 예'가 구성원들 간의 혼란과 갈등을 조정하고 평정하는 표준이자 준칙이라면, 이곳에서 주목하는 '개인 차원의 예'는 개인의 욕망(즉 충동)을 조절하여 요구를 만족시키는 표준이자 준칙입니다. 구체적으로 말하자면, 욕망에 사로잡힌 동물로서의 인간이 사람답게 살기 위해서는 과거의 자신과 결별해야 합니다. 이때 기준이 되는 것이 바로 '예'입니다. 사람답게 살기 위해서는 태어난 후 자신의 본성을 예에 맞게 변화시켜야 합니다. 세상에 예의가 없다면, 어디서나 대소변을 볼지도 모릅니다.

결국, 예는 사람이 동물처럼 살지 않기 위한 기준입니다. 따라서 '예로 돌아간다'라는 것은 태어났을 때의 자신을 표준으로 삼는 것이 아니라, 예에 따라 생각하고 말하고 행동하는 것으로 바뀌는 것을 의미합니다. 이를 위해서는 일회성 시도나 훈련에 그치지 않고, 습관이 될 때까지 반복해야 합니다. 그래야 태어날 때의 자신이 아닌 새로운 자기 자신이 만들어질 수 있기 때문입니다. 이렇게 해서 탄생한 새로운 자신이라야 피곤한 몸을 이끌고서도 자리를 양보해야 할 때는 양보하고, 양보하지 않아도 되는 상황에서는 양보하지 않을 수 있습니다. 그리고 형을 대할 때는 동생이 그렇게 해줬으면 하는 것처럼, 자식을 대할 때는 부모가 나에게 그렇게 해줬으면 하는 것처럼 대할 수 있게 됩니다. 결국, 공자가 제안한 중화를 실현한 삶은 사학병진에 더하여 극기복례를 습관의 수준까지 반복하여 실천할 때 비로소 이룰 수 있는 삶의 방식이라고 할 수 있습니다.[28]

현재 진행 중인 논의에 백 퍼센트 딱 들어맞는 것은 아니지만, 예의 실천과 관련한 수업 진행 중, 한 명민한 학생이 필자에게 '왜 부모님께 효도해야 하나요?'라는 질문을 던진 적이 있습니다. 당시 필자에게는 『논어』 「양화」 편의 한 구절을 구절이 떠올랐습니다. 내용인즉슨, 공자의 제자인 재아(宰我)가 삼년상이 너무 길다며 일년상으로 줄이자고 제안하자, 공자는 재아에게 삼년상 동안 쌀밥을 먹고 비단옷을 입는 것이 마음에 편하겠느냐고 묻습니다. 재아가 편하다고 대답하자, 공자는 "그렇다면 삼년상을 치르지 않아도 된다."라고 합니다.[29] 필자는 사람은 자신의 마음에 따라 살아가니, 효도해서 마음이 편하면 효도하면 되고, 마음이 불편하면 효도하지 않으면 된다고 답했던 기억이 납니다. 효도나 예를 지켜야 하는 이유를 복잡한 논리로 설득할 수도 있지만, 이처럼 직관적으로 생각할 수도 있습니다.

오늘날 많은 사람은 '예'를 강제적이거나 형식적인 것으로 받아들이곤 합니다. 이는 예를 마음에서 우러나 실천하는 것이 아니라, 외적인 규범으로만 인식하기에 그렇습니다. 억지로 따르는 예는 단순한 형식에 머물 뿐, 그 본래의 의미를 잃기 마련입니다. 인간은 신과 같은 전지전능한 존재가 아니기 때문에 생리적 한계를 지니고 있습니다. 예를 들어, 영양을 섭취하지 않으면 생명을 유지할 수 없죠. 그러나 사람은 이러한 한계를 조금씩 극복하며 자신을 스스로 변화시킬 수 있습니다. 앞에서 든 사례처럼, 밤을 새워 피곤한 자신을 이겨내면 어떻게 될까요? 아마 흔쾌하지는 않더라도, 적어도 주저하지 않고 할머니나 임산부에게 자리를 양보할 수 있지 않을까요?[30)]

『논어』 「학이」:
배움의 여정, 군자의 길

우리는 앞서 공자와 『논어』를 간략히 살펴보았고, 그 과정에서 '중화의 삶' 또한 함께 조명했습니다. 그럼에도 아쉬움이 남습니다. 이 책 전체를 공자와 『논어』를 소개하는 데에 할애한다고 하더라도, 그 방대한 내용을 모두 다루기에는 여전히 턱없이 부족합니다. 실제로 '논어학(論語學)'이라는 말이 생겨날 정도로 『논어』에 관한 연구는 풍부하며, 앞으로도 연구해야 할 부분이 무궁무진합니다. 그래서 『논어』에서 공자를 가장 잘 대표하는 구절 중 하나인, 첫 번째 편인 「학이」의 첫 구절을 선택하여 풀이함으로써, 아쉬움을 조금이나마 달래

보고자 합니다.

이 구절에는 공자가 강조한, 자기 자신을 위한 공부와 그것을 현실에서 실천하는 과정 그리고 최종 지향 지점이 담겨 있습니다. 공자가 보여주는 학문에 대한 깊은 열정과 벗에 대한 벅찬 애정도 함께 즐겨보시기를 바랍니다.

子曰(자왈) : "學而時習之(학이시습지), 不亦說乎(불역열호).

선생님이 말씀하셨다. "배우고 그대로 따라 하고, 때에 맞게 그것을 거듭해서 익힌다면 기쁘지 아니한가?

우리가 익히 아는 단어 '학습'이 『논어』의 첫 구절인 '학이시습지'에서 '학(學)'과 '습(習)'을 따와 만들어졌다는 사실을 알고 계셨나요? 첫 구절은 공자가 호학지사로서의 면모를 여실히 보여주는 대목입니다. 2천 년 전 학자들은 '학(學)'에 두 가지 의미가 응축되어 있다고 보았는데 이는 배우기와 생각하기를 결합한 것으로 오늘날 우리가 해석하는 것과 다르지 않습니다.

다만, 당시 학자들이 사용한 단어가 조금 다릅니다. 2천 년 전 학자들은 '학'을 '효(效)'와 '각(覺)'이 결합된 단어라고 생각했습니다. 먼저 '효'는 본받는다는 뜻입니다. 본받음의 대상은 첫째가 사람입니다. 이는 긍정적인 본보기뿐만 아니라 반면교사도 포함됩니다. 본받음의 다른 대상은 경전입니다. 경전은 전승되는 문화적 경험 가운데 핵심만을 추려 글로 기록한 것이라 그렇습니다. 두 번째로 '각(覺)'은 '깨달음'을 의미하는데, 특히 자기 내면에 대한 자각을 뜻합니다. '효'가 외부의 것을 본받는 데 초점을 둔다면, '각'은 자기 자신을 성찰하고 깨닫는 과정을 나타냅니다. 종합하자면 당시 학자들은 '학'을 단순히 외부의 본받음으로만 보지 않고, 내면의 자각과 결합하여 더 깊은 의미를 부여했다고 볼 수 있겠습니다.

이제 첫째 단의 두 번째 글자인 '이(而)'를 살펴보겠습니다. 오늘날 '이'는 '말 이을 이'로 불리며, 문장에서 단어나 절을 순접 또는 역접으로 연결하는 용도로 사용됩니다. 하지만 2천 년 전 학자들의 해석에 따르면, 공지 당시의 '이'는 '말 이을 이'로 쓰일 뿐만 아니라 '인잉(因仍)'의 뜻으로도 사용되었습니다. '인잉'이란 '그대로 따라 한다'라는 의미입니다. 즉, '학'한 것을 그대로 실행하는 것이 바로 '이(而)'입니다. 컴퓨터 자판을 외우기 위해 한컴 타자 연습을 사용해 본 적이 있나요? 처음에는 'ㄱ'을 누르라는 대로 'ㄱ'을 누르고, 'ㄴ'도 마찬가지로 연습합니다. 이처럼 반복하여 익히는 것이 바로 '인잉'의 의미를 담고 있는 '이'입니다.

다음으로 '시(時)'를 살펴볼 텐데, '시'는 단독으로 풀이하기보다는 '습(習)'과 '지(之)'를 함께 풀이하는 것이 더 효과적입니다. 여기서 '지(之)'는 '사람과 서적에서 본받은 것과 자기의 내면에서 깨달은 것을 그대로 따라 한 것'을 지시하는 대명사이고, '습(習)'은 새의 깃털을 의미하는 '우(羽)'에서 유래한 글자입니다. 새는 세상에 태어나자마자 유전적으로 하늘을 날 수 있는 것이 아닙니다. 둥지에서 어미나 아비가 먹이를 물어오는 동안, 새끼 새는 숱한 날갯짓을 연습해야 비로소

날 수 있게 됩니다. 이 연습을 얼마나 빨리 익히느냐는 새끼 새의 생존과 직결됩니다. 하늘을 나는 수많은 포식자가 둥지를 공격할 때, 같은 부모에게서 태어난 형제자매라도 이미 날 수 있는 새끼는 생존할 가능성이 크지만, 아직 날지 못하는 새끼는 쉽게 희생되기 때문입니다. '습(習)'은 단순한 연습이 아니라, 반복된 연습을 의미합니다. 끊임없는 연습을 통해 익숙해지면, 그때 비로소 익숙해진다는 뜻의 '관(慣)'을 더해 '습관'이 되는 것입니다.

하지만 무조건 반복한다고 좋은 습관이 형성되지는 않습니다. 나를 변화시키기 위한 습관이란 상황에 맞게 올바른 연습을 할 때만 효과가 있습니다. 한컴 타자 연습에서 단어가 비처럼 내려오는 게임을 해본 적이 있으실 것입니다. 이 게임은 위에서 내려오는 단어를 얼마나 많이 그리고 얼마나 정확하게 따라 치느냐가 관건입니다. '국어'라는 단어가 내려오면 첫 글자인 'ㄱ'을 쳐야지 'ㄴ'을 치면 안 됩니다. '농사'라는 단어가 내려올 때는 'ㄴ'부터 쳐야 하죠. 지금 당장 자판을 외우기 어렵다고 해서 'ㄱ'을 쳐야 할 상황에서 아무 자판이나 누르면, 나중에는 그 잘못된 습관 때문에 오타가 더 많이 나게 될 수 있습니다. 이러한 상황에서 맞는 정확한 연습을 '때에 맞게'라는 의미의 '시(時)'와 결합하여 '시습(時習)'이라고 합니다.

정리하자면, '시습지(時習之)'는 사람과 서적에서 본받은 것과 자기 내면에서 깨달은 것을 그대로 따라 하다가, 때에 맞춰 적절한 연습을 통해 그것을 습관의 단계로 끌어올린다는 뜻입니다. 마치 자판을 보지 않고도 자연스럽게 손가락이 움직이는 수준에 이르는 것처럼 말이죠.

이제 첫째 단의 마지막 부분인 '불역열호(不亦說乎)'에 도착했습니다. 여기서 다룰 내용은 '불역A호(不亦A乎)'라는 구조와 '열(說)' 자의 의미입니다. 이 단락에서는 우선 '불역A호(不亦A乎)'라는 구조에 집중해 보겠습니다. 기원전 5~6세기 중국 사람들은 특정 의미를 강조할 때, '불역(不亦)'과 '호(乎)' 사이에 해당하는 의미를 담은 글자 A를 넣어 강조했습니다. 이 경우 A 자리에 '열(說)'을 넣어 그 의미를 부각하고 있습니다. 이 구조에서 '역(亦)'은 의미 없이 단순히 형식을 위해 사용된 것입니다. 따라서 '불역A호(不亦A乎)'를 번역할 때는 '또한 A 하지 않는가'가 아니라, 'A 하지 않는가'로 해석하는 것이 적절합니다.[31)]

우리말로 '說' 자를 읽을 때, '설명하다'라는 의미일 경우에는 '설'로 읽지만, '기쁘다'라는 의미일 때는 '열'로 읽습니다. 여기서는 '기쁘다'라는 의미로 사용되어 '열'로 읽습니다. 그렇다면 이 경우 '기쁘다'라는 무엇을 의미할까요? 예를 하나 들어보겠습니다. 어제까지 우리 반 전체가 풀지 못했던 수학 문제를 오늘 야간 자율학습 시간에 내가 풀었다고 가정해 보세요. 그때 느끼는 뿌듯함이 남들에게 드러내지 않는다고 해서 사라질까요? 아마 사라지지 않을 것입니다. 아무 일도 없었던 것처럼 드러내지 않고 넘어가더라도, 그 뿌듯함은 내 마음 깊은 곳에서 충만할 것입니다. 내면에서 가득 차오르지만 굳이 밖으로 드러내지 않아도 되는 기쁨, 그것이 바로 '열(說)'입니다.

有朋(유붕), 自遠方來(자원방래), 不亦樂乎(불역락호).

같은 선생님 밑에서 배운 친구 가운데 그것도 추구하는 바가 같았던 친구가 멀리서 나를 찾아오면 즐겁지 아니한가?

둘째 단입니다. 오늘날 '유(有)'라는 글자는 '있음' 또는 '있다'를 의미하는 명사나 동사로 많이 사용됩니다. 하지만 이곳에서 쓰인 '유'는 2천 년 전 학자들의 해석에 따르면 '우(友)'를 가차(假借)한 글자입니다. 우리말에서는 두 글자의 발음이 다르지만, 중국어 발음은 둘 다 [yǒu, '요우']로 같아서 빌려 썼다는 것입니다. 여기서 '유'는 단순한 친구가 아니라, 뜻을 같이하는 동지(同志)와 같은 벗을 의미합니다. 또한 '붕(朋)'은 같은 출입문을 드나든 친구, 즉 동문(同門) 친구를 뜻합니다. 오늘날 우리가 사용하는 '동문회'라는 표현처럼 말이죠. 공자 당시에는 아마 같은 스승 밑에서 함께 배운 친구를 가리켰을 것입니다. '유붕'을 단순히 '친구가 있는데'라고 번역해서는 그 참된 의미를 제대로 전달할 수 없습니다. '유붕'은 '같은 동문이자 뜻을 함께했던 친구'라고 번역해야 그 깊은 의미가 살아납니다.

동문이면서 동시에 뜻을 함께하는 동지가 멀리서 찾아온 상황을 이해하기 위해, 의과대학 동문으로 고 이태석 신부를 다룬 다큐멘터리 '울지마 톤즈'를 함께 본 두 친구를 상상해 보겠습니다. 그 자리에서 의기투합한 두 친구는 시간이 흘러 의사가 되었고, 한 명은 소록도로, 한 명은 아프리카로 각각 자신의 뜻을 펴기 위해 흩어졌습니다. 그러다가 10년이 지난 어느 날, 아프리카에 갔던 친구가 귀국하면서 소록도에서 근무 중인 친구를 찾아오게 되었다고 가정해 보세요. 만약 여러분이 소록도에 있는 그 친구라면, 10년 만에 아프리카에서 찾아온 친구를 만나서 쿨하게 "What's up?"이라며 인사하시겠습니까? 아니면 반가움을 아무리 감추려 해도 온 얼굴에 번지는 웃음을 감출 수 없어 활짝 피다 못해 얼굴이 구겨질 정도로 기뻐하시겠습니까?

이처럼 아무리 감추려 해도 밖으로 드러나는 기쁨이 바로 '락(樂)'입니다. 첫째 단에서 말한 '열(說)'과 둘째 단에서 말한 '락(樂)'은 사실상 같은 마음에서 비롯된 감정입니다. 다만 차이점은, 첫째 단의 '열'은 그 기쁨이 내면에서 일어나지만, 밖으로 표출되지 않게 억제할 수 있다는 점입니다. 반면, 둘째 단의 '락'은 그 기쁨이 밖으로 드러나는 것을 아무리 막으려 해도 막을 수 없다는 점입니다. 공자는 이러한 차이를 보여주기 위해 '열'과 '락'을 구분한 것입니다.[32)]

人不知而不慍(인부지이불온), 不亦君子乎(불역군자호)."

남이 내가 정치를 맡아 할 능력과 덕행을 지니고 있다는 것을 알아봐 주지 않더라도 노여워하지 않으면 군자답지 아니한가?"

셋째 단입니다. 이제 정말 마지막입니다. 이 단을 제대로 이해하려면 '군자'란 어떤 사람을 말하는지, 그리고 '남이 나를 알아주지 않는다'라는 것이 어떤 의미인지 파악해야 합니다. 먼저 '군자'에 대해 설명하겠습니다.

원래 군자라는 말은 정치를 담당하던 특권 계층, 특히 왕의 아들이나 동생 같은 귀족들을 지칭하는 정치적, 사회적 용어였습니다. 즉, '군자'는 조정에서 자리를 차지한 특정한 계층을 의미하는 용어였죠. 그런데 공자는 이 '군자'를 완전히 다른 의미로 탈바꿈시켰습니다. 사학병진(四學竝進), 극기복례(克己復禮), 그리고 '학이시습지'와 같은 과정을 통해 중화의 삶을 실천한 사람, 즉 도덕적 수양을 쌓고 인격을 완성한 사람을 '군자'라고 부른 것입니다. 이로써 '군자'는 공자 철학에서 이상적 인간을 상징하는 단어가 되었습니다.[33] 게다가 공자는 군자를 윤리적이고 도덕적 차원에서 완성된 인간형으로 국한하는 것에 만족하지 않았습니다. 단적인 예가 『논어』 「헌문(憲問)」 편의 다음 인용문에서 보입니다.

> (제자인) 자로가 공자에게 군자를 물었다.
>
> 공자가 말했다. "자기를 가꾸어 그로써 (자기 자신을) 공경스럽게 한다.[34]"
>
> (자로가) 말했다. "이게 다입니까?"
>
> (공자가) 말했다. "자기를 가꾸어 그로써 친구나 친족을 편안하게 한다."
>
> (자로가) 말했다. "이게 다입니까?"
>
> (공자가) 말했다. "자기를 가꾸어 그로써 백성을 편안하게 한다. 자기를 가꾸어 백성을 편안하게 하는 것은 이상적 왕인 요임금과 순임금조차 어렵게 여기시던 바가 아니더냐!"[35]

인용문의 '자기를 가꾼다'는 의미의 수기(脩己)는, 윤리적이고 도덕적인 주체로서 자기 자신을 완성해 나가는 것을 뜻합니다. 그러나 공자가 제시하는 이상적 인간, 즉 군자의 발걸음은 여기서 멈추지 않습니다. 만약 군자가 자기 혼자만 인간다운 삶을 살아가는 데서 그친다면, 그것은 공자의 군자도, 유교의 군자도 아닙니다. 군자는 먼저 친구나 친족과 같은 주변 사람들부터 인간다운 삶을 살 수 있도록 도와야 합니다. 이것이 바로 안인(安人)의 단계입니다.

하지만 안인도 군자의 최종 목적지는 아닙니다. 군자는 한 발 더 나아가, 온 나라 사람들이 인간다운 삶을 실현할 수 있도록 돕는 것을 최종 목표로 삼습니다. 그래서 수기한 군자가 정치적 기회를 얻게 된다면, 그것을 마다하지 않고 임금을 도와 자신의 능력과 덕행을 펼쳐야 한다는 것입니다. 공자의 이상적 인간인 군자는, 그 과정에서 오욕의 길이 펼쳐진다고 하더라도 피하지 않고 떳떳하게 그 길을 걸어가는 사람입니다.

물론, 개인에게 자신의 능력을 펼칠 기회가 노력에 비례할 때도 있지만, 항상 그런 것은 아니라는 점을 염두에 두어야 합니다. 개인이 가진 능력과 잠재력이 100점이라고 할 때, 타인들이 그중 10점 정도만 인식하는 경우도 흔합니다. 인류 역사상 최고의 스승으로 불리는 공자, 소크라테스, 그리고 예수는 자신들의 전 생애를 바쳐 세상과 사회를 더 나은 곳으로 만들기 위해 노력한 분들입니다. 그러나 이들 중 누구도 자신의 뜻을 충분히 펼칠 기회나 자리를 얻지 못했습니다. 군자가 되기도 어려운 일이지만, 군자가 된 후에 정치적 기회를 잡기는 더더욱 어렵습니다. 기회가 주어지지 않을 가능성이 주어질 경우보다 훨씬 더 크다는 사실을 우리는 명심해야 합니다.

"나를 알아봐 주는 것"은 누구의 몫일까요? 이는 내 몫이 아닌, 남의 몫입니다. 군자라면 자신이 어찌할 수 없는 남의 평가에 집착하지 않아야 합니다. 그래서 공자는 남이 나를 알아주지 않더라도 노여워하지 않는 것이 군자의 자세라고 말했습니다. 군자의 핵심은 타인이 나를 어떻게 평가하고, 내가 어떤 지위를 가졌는가가 아니라 '자신이 할 수 있는 일에 집중하는 것'입니다. 즉, 자신의 능력과 덕행을 100에서 101, 102로 끊임없이 발전시키는 것이 군자의 근본입니다.

정리하면, 자기 수양의 노력은 전적으로 그 사람 자신에게 달려 있지만, 그 결과는 노력에 정비례하지 않는다는 점에서 수양 주체의 몫이 아닙니다. 즉, 수양한 사람을 정치적 무대로 부를지, 어떤 지위를 부여할지는 그 사람의 능력이나 덕행에 비례해 결정되지 않습니다. 그것을 결정하는 것은 다른 사람들의 몫입니다. 따라서, 자신이 통제할 수 없는 정치적 기회나 외부 평가에 연연하지 않고, 죽는 날까지 자기 완성의 길을 가는 사람이 공자가 말한 이상적인 군자입니다.

학이 첫 구절을 시간의 흐름에 맞춰 생각해 보는 것도 흥미롭습니다. 앞서 2단을 설명하며 제시한 예시를 바탕으로, 전체 문장을 시간 순서에 따라 하나의 이야기로 서술해 보겠습니다.

1단은 '학습'에 관한 이야기입니다. 10대 학생은 이것저것 호기심도 많고 호르몬의 영향으로 들떠 있기 마련입니다. 그런 10대에 한 학생이 의과대학 진학을 목표로 공부에 매진하기로 마음을 먹었습니다. 이것이 『논어』의 두 번째 편인 「위정」에 나오는 공자의 말, "십유

오이지우학(十有五而志于學)"의 의미입니다.[36] 이후, 그 학생은 꾸준히 공부하며 30대에 접어듭니다. 의과대학을 졸업하고 인턴과 레지던트 과정을 거친 후, 전문의가 되었을 것입니다. 공자는 이를 끝없는 학습의 과정에서 한 차례 중요한 매듭을 짓는 시점으로, 어떤 분야에서 전문가가 되었거나, 인격적으로 자립할 수 있을 만큼 성숙해졌다는 의미에서 "삼십이립(三十而立)"이라고 표현했습니다. 이제 한 분야의 전문가라고 할 수 있는 전문의가 된 그 청년은 포기하고 싶을 때도 있었지만 초심을 잃지 않고 10년이란 시간 동안 자신의 길을 걸어갑니다. 공자는 이를 자신의 길을 확고히 다진 상태라 하여 "사십이불혹(四十而不惑)"이라 했습니다.

그러던 어느 날, 그는 의대 시절 뜻이 잘 맞았던 친구를 우연히 만나게 됩니다. 이 예상치 못한 재회에서 느끼는 반가움과 웃음은 아무리 숨기려고 해도 숨길 수 없겠죠. 서로 의기투합했던 그 시절이 떠오르고, 여전히 서로가 그 꿈을 향해서 나아가고 있으니 더욱 감회가 새로울 것입니다. 이것이 2단인데, 이 2단의 즐거움은 '삼십이립'과 '사십이불혹'을 거친 자만이 특별히 누릴 수 있습니다.

3단에서는 군자의 길에 관한 이야기입니다. 어느덧 50대가 된 중년은 어느 날 모교에서 교수 자리가 났다는 소식을 듣습니다. 후학을 양성하며 환자를 치료하고, 이를 연구로 연결할 수 있는 자리이기에 평소 흠모해 왔고, 자신도 자격이 충분하다고 생각해 지원하게 됩니다. 최종 면접까지 보았지만 결국 선정되지 못했습니다. 실망감과 서운함에 잠시 돈을 벌어볼까, 생각도 들었으나, 그는 마음을 다잡고

“내 자리는 교육, 임상, 연구를 아우르는 자리가 아닌, 환자를 직접 치료하는 곳에 있구나”라는 깨달음을 얻게 됩니다.

「위정」에서는 이를 “오십이지천명(五十而知天命)”이라고 표현했습니다. 자신의 노력만으로 모든 결과를 결정할 수 없음을 깨닫고, 그럼에도 끝까지 노력하는 것이 바로 ‘지천명’이며, 군자의 길입니다. 『논어』의 첫 구절은 학습에서 시작해, 군자로 완성되어 가는 인간의 전 생애를 담고 있다고 볼 수 있습니다.

쉼 없이 예상보다 먼 길을 달려왔으니 이제 매듭짓고 다음 장으로 넘어가야 할 때입니다. 하지만 하나만 더 짚고 가고 싶습니다. 바로 직전에 인용한 「헌문」의 ‘수기이경(脩己以敬)’에서 말하는 ‘경(敬)’입니다. 조선시대의 대표적 사상가인 퇴계 이황 선생은 ‘일생 동안 마음에 간직할 단 하나가 무엇이냐’는 질문에 ‘경’이라고 답했습니다. 우리는 흔히 ‘경’을 ‘공경’이나 ‘경건’으로 풀이하지만, 그 의미가 쉽게 와닿지 않을 수 있습니다. 이를 이해하기 위해 필자의 경험을 예로 들겠습니다. 필자는 매년 돌아가신 아버지를 기리며 예배를 드립니다. 예배가 끝난 후 모두가 흩어져 한숨 돌리며 아버지를 추억할 때, 필자는 아버지가 바로 옆에 와 앉아 계신 듯한 느낌을 받을 때가 있습니다. 이 느낌을 ‘경’이라 이해하시면 좋을 성싶습니다. 필자는 이런 ‘경’을 더 자주 가슴에 품고 살아가고 싶습니다.

강의 노트

6장을 요약하면 다음과 같습니다. 공자의 사상이 담긴 『논어』는 공자가 직접 쓴 것이 아니라, 공자의 재전 제자들에 의해 편찬된 것이라는 점을 다루었습니다. 특히, 오늘날 우리가 보는 『논어』는 한나라 때 장우가 편집한 것이라는 사실을 살펴보았습니다. 또한, 공자는 때와 장소, 대상에 맞춰 유연하게 대응하는 '중화'의 삶을 강조하였고, 그 실현 방법으로 '사학병진', '극기복례' 등을 제안했음을 보았습니다. 마지막으로, 『논어』의 첫 구절인 '학이시습지 불역열호(學而時習之 不亦說乎)'를 번역하고 해설하며, 공자가 이상적인 인간으로 설정한 군자의 길을 탐구해 보았습니다.

7장 교육과 본성 I: 맹자의 성선설 바로보기

첫걸음

사춘기 시절, '나는 누구인가?'라는 질문을 스스로에게 던져본 적이 있으신가요? 저는 부끄럽게도 많은 사람이 정체성에 대해 고민하던 그 시기에, '나는 누구인가'라는 질문을 깊이 고민해 본 적이 없습니다. 어쩌면 사춘기 시절에 다른 사람들이 흔히 고민하는 '나는 누구인가?'라는 질문을 깊이 생각해 보지 않았기 때문에, 그 질문에 대한 답을 찾거나 더 깊이 이해하기 위해 철학에 관심을 가지게 되었고, 결국 30년 넘게 철학을 연구하게 된 것일지도 모르겠습니다.

'나는 누구인가'라는 질문은 확실히 막연하게 느껴질 수 있습니다. 하지만 여기에 현재 나의 가치관, 상태, 판단, 그리고 행동이 형성된 배경이나 이유를 더하거나, 앞으로도 내가 이대로 살아갈 것인지에 대한 고민을 포함하면, 좀 더 구체적으로 다가올 것 같습니다. 예를 들어, '나는 왜 외모를 중요하게 생각하지 않을까?' 혹은 반대로, '나는 왜 외모에 집착하는 걸까?'라는 질문을 던질 수 있습니다. 또는 '왜 나는 내 의견을 잘 표현하지 못하고 늘 남의 눈치만 보게 되었을까?' 혹은 '왜 나는 친구들과의 관계에서 자주 충돌하게 될까?' 같은 고민도 할 수 있습니다.

이처럼 '나는 누구인가?'라는 추상적인 질문에 구체적인 요소를 더하면, '현재의 나는 어떻게 이렇게 되었는가?'라는 질문으로 구체화될 뿐만 아니라, 그 과정에서 우리가 타고난 본성과 교육에 의한 변화가 어떻게 상호작용하는지에 대한 철학적 질문으로 이어질 수 있습니다. 이러한 과정은 자기 자신을 더 깊이 이해하는 데 큰 도움이 될 뿐만 아니라, 인간의 본성에 대한 탐구와 그것이 교육, 환경에 의해 어떻게 변형될 수 있는지에 대한 고찰로 나아갈 수 있습니다.

역사적으로 "현재의 나는 왜 이렇게 되었는가?"라는 질문을 다룬 철학자는 무수히 많습니다. 오늘날 내가 왜 이런 상태가 되었는지에 대한 질문은 본질적으로 인간의 본성에 관한 이야기와 연결됩니다. 영국 철학자 존 로크는 인간의 마음을 빈방이나 아무 글자도 없는 백지, 또는 완전히 밀폐된 암실에 비유했습니다. 즉, 사람은 백지상태로 태어나며, 이후 환경과 양육에 따라 그 백지에 무엇이 쓰이기 때문에 "왜 나는 오늘날 이런 사람이 되었을까?"라는 질문에 로크는 환경이 그 원인이라고 답한 셈입니다.[1)]

존 로크를 제외하더라도 '본성 vs 교육'이라는 주제로 인간을 탐구한 철학자나 학자는 손에 꼽기 어려울 정도로 많습니다. 인간이 태어날 때부터 특정한 성향을 가지고 있는가, 아니면 환경과 교육에 따라 전적으로 형성되는가에 대한 논의는 서양과 동양 모두에서 철학의 중요한 주제로 다루어져 왔습니다. 서양에서는 로크를 비롯해 오늘날에 이르러 스티븐 핑커(Steven Pinker)까지 이 문제를 논의했으며, 동양에서도 고대 중국의 철학자들이 이 주제를 깊이 있게 탐구했습니다.

앞으로 이어질 7장과 8장에서 고대 중국에서 본성과 교육을 주제로 논의를 펼친 맹자(孟子, 기원전 ?~289)와 순자(荀子, 기원전 298~238)에 대해 알아보겠습니다. 이와 더불어 한비(韓非, 기원전 280?~233)도 함께 다룰 것입니다. 맹자는 인간이 본성을 꽃피워야 한다고, 순자는 인간이 양육과 교육을 통해 재탄생해야 한다고 보았습니다. 한편, 한비는 인간을 본질적으로 이기적인 존재로 이해했습니다. 이 세 철학자가 제시한 인간에 대한 이해를 대비하여 "현재의 나는 왜 이런 존재가 되었는가?"라는 질문에 대해 깊이 통찰해 보겠습니다.

왕도정치:
맹자의 진면목

맹모삼천지교(孟母三遷之教: 어머니가 자식을 좋은 환경에서 기르고자 세 차례 이사했다는 우화)의 주인공인 맹자는 공자보다 150년쯤 뒤인 전국시대 중엽에 활약했습니다. 이 시기는 중국 전역의 제후국들이 하나로 통일되려는 대일통(大一統)의 기운이 점차 쌓여가던 시기였습니다. 또한 춘추시대에 유행하던 외교 전략이 더 이상 통하지 않고, 본격적인 살육 전쟁이 벌어지던 시대였습니다. 당시에는 제후국 간의 문제든, 국가 내부의 문제든 오직 힘으로만 해결될 수 있었습니다. 이런 현실에서 모든 제후국과 위정자들은 부국강병을 위해 총력을 다했습니다.

이런 추세 속에서 맹자는 부국강병과는 완전히 다른 대안을 여러 제후에게 제안했습니다. 그 대안은 바로, 남의 불행을 차마 외면할 수 없는 마음인 불인인지심(不忍人之心)을 정치에 구현한 불인인지정(不忍人之政), 즉 왕도정치(王道政治)였습니다. 모든 나라가 부국강병만이 유일한 해결책이라고 믿던 혼란의 중심에서, 맹자는 왕도정치를 실현하고 이를 뒷받침할 지위를 얻기 위해 20여 년간 천하를 돌며 유세했습니다. 이 노력이 현실과 동떨어진 낭만적인 생각으로 보일지도 모르겠지만, 맹자에게 몇 차례 기회가 주어질 뻔했던 사실을 고려하면 그가 제시한 대안이 전혀 비현실적이지만은 않았던 것 같습니다. 안타깝게도 맹자는 자신의 목표를 이루지 못했으나, 후대 학자들은 그가 왕도정치 실현을 위해 실제적이고 현실적인 정치 참여를 추구한 점을 높이 평가했습니다. 그래서 그에게 '평치지사(平治之士)', 즉 '천하를 태평하게 다스리고자 한 선비'[2]라는 별칭을 부여했습니다.

오늘날까지도 맹자를 유명하게 만든 '성선설(性善說)' 역시, 왕도정치가 없었다면 세상에 나오지 못했을 것입니다. 말년의 맹자는 천하를 더 이상 주유할 수 없게 되자, 평생 추구해 왔던 왕도정치의 이론적 근거를 찾는 과정에서 성선설을 제기했습니다. 이처럼 맹자의 삶은 왕도정치의 실현과 깊이 연관되어 있습니다. 따라서 맹자를 제대로 이해하려면, 성선설이 왕도정치와 긴밀하게 연결되어 있다는 사실을 잊어서는 안 됩니다. 왕도정치는 맹자가 추구한 정치 철학의 핵심이자, 그의 인생과 사상을 이해하는 데 가장 중요한 요소입니다. 왕도정치에 대해 할 말이 많지만, 이 장에서는 그 이론적 근거인 인간의 선한 본성에 초점을 맞추겠습니다.[3]

본성에 대한 두 가지 견해: 본질적 속성과 본래적 속성

본격적으로 7장과 8장의 논의를 전개하기에 앞서 한 가지 짚고 넘어가야 하는 부분이 있습니다. 이 글에서는 본성을 '본질적 속성'과 '본래적 속성'으로 나눠서 해석하고자 한다는 것입니다.[4] 우선, 본질적 속성을 의미할 때의 본성이란 어떤 존재를 다른 존재가 아닌 그 존재이게끔 하면서 언제나 그 존재에 남아 변하지 않는 성질을 말합니다. 즉, 태어날 때부터 정의할 수 없는 불변의 무엇인가가 있어, 나이가 들거나 병에 걸리거나 상황이 달라지더라도 그것만은 변하지 않는다면, 그것이 본질적 속성이라 할 수 있습니다.

본성을 본래적 속성으로 해석할 때, 이는 "어떤 존재가 태어날 때부터 지닌 성질"을 의미합니다. 중요한 점은, 태어날 때부터 가지고 있던 성질이라도 언제든 변할 수 있다는 것입니다. 예를 들어, 영수의 풍성한 머리숱을 생각해 봅시다. 영수의 아버지도 머리숱이 풍성했고, 돌아가신 할아버지는 그보다 더 풍성했습니다. 할아버지는 80세로 돌아가실 때까지도 30대 남자보다 머리숱이 많았습니다. 이 집안의 남자들은 대대로 풍성한 머리숱으로 사람들의 부러움을 받았습니다.

그러나 어느 날, 영수가 아버지와 함께 산에 갔다가 버섯을 채취해 달여 마신 후, 아버지와 영수 모두 머리카락이 전부 빠지고 말았습니다. 먹어서는 안 되는 버섯을 잘못 먹은 탓이었죠. 우리는 이 사건을 통해 풍성한 머리숱이 영수네 집 남자들에게 대대로 유전되어 온 성질이라 할지라도 언제나 유지되는 성질은 아니라는 점을 확인할 수 있습니다. 다시 말해, 풍성한 머리숱이 영수를 언제나 영수답게 만드는 성질은 아니라는 것입니다.

본질적 속성이 태어날 때부터 가지고 있는 속성이면서 변하지 않고 그 존재를 규정하는 성질이라면, 본래적 속성은 태어날 때부터 지니고 있지만 상황에 따라 변할 수 있는 성질이라고 말할 수 있습니다. 이 둘은 변할 수 있는가 없는가에서 큰 차이점을 보이고 있지만, 한편으로는 태어날 때부터 지니고 나온다는 점에서는 동일합니다. 이처럼 태어나기 전에 이미 결정되어서 지니고 나오는 것을 학문적 용어로는 '선천적(天的)'이라 합니다. 지금까지 설명한 본질적 속성과 본래적 속성은 앞으로 맹자, 순자, 한비자의 본성에 대한 논의를 살펴볼 때 분명히 구분되는 부분이니 잘 기억해 두시기를 바랍니다.[5]

사람이 본성의 산물이라고 할 경우의 본성은 본질적 속성입니다. 앞서 언급한 것처럼 본질적 속성이란 "어떤 존재를 다른 존재와 구별할 수 있게 하며, 항상 변하지 않고 그 존재에 남아 있는 특성"입니다. 역사적으로 이런 본성을 바라보는 관점에는 세 가지가 있습니다. 하나는 본성이 선하다는 관점, 다른 하나는 본성이 악하다는 관점, 마지막은 두 관점을 선택적으로 배분하는 관점입니다. 간단한 예를 들자면 유대인은 악마이고 게르만족은 천사라고 주장하거나, 특정 성별이 더 우월하다고 주장하는 경우가 이에 해당합니다.

사람의 본성이 악하다고 보는 둘째 관점과 특정 인종이나 집단, 개인을 악마나 열등한 존재로 취급하는 셋째 관점은 공통점이 있지만, 적대의 양상과 주체는 다릅니다. 두 관점에서 악마로 여겨지는 대상이 '억압과 감시', 나아가 '말살의 대상'이 된다는 점은 동일합니다. 그러나 인류 전체를 악마로 보고 말살한 뒤 새로운 종으로 교체하겠다는 둘째 관점에서는 이를 실행하는 주체가 인간이 아닌 존재이거나, 인간일지라도 소수나 개인일 가능성이 큽니다. 영화 《블레이드 러너 2049》에서 인간에게는 답이 없다고 생각해 인공지능으로 인류를 대체하려는 인물처럼 말입니다. 반면, 셋째 관점에서의 적대와 대립은 나치 대 유대인, 남성 혐오 대 여성 혐오, 남부 지방 대 북부 지방처럼 집단 간의 대립이 주를 이룹니다. 요즘 들어, 중세 시대의 마녀사냥처럼 큰 집단이 작은 집단이나 개인을 따돌리고 악마화하는 일이 점점 빈번해지고 있어 문제가 되고 있습니다.

맹자의 성선설: 사람은 선한 본성을 지니고 있다

사람의 본성이 선하다는 첫 번째 관점을 제창한 동아시아의 대표적 인물은 맹자입니다. 그는 사람이라면 누구나 선천적으로 선(善)한 본성을 가지고 태어난다고 주장하였는데, 이를 '성선설'이라 부릅니다. 맹자의 성선설을 제대로 이해하기 위해서 다섯 단계로 나눠서 살펴보도록 하겠습니다.

가장 먼저, 1단계에서는 맹자가 인간은 모두 다르다는 사실을 인정했다는 점을 이해하고 넘어가야 합니다. 맹자는 "물(物)이 똑같지 아니한 것이 물(物)의 실제 사정이다."[6]라고 말했습니다. 맹자와 순자 사이에 활약한 사상가인 공손룡(公孫龍, 약 기원전 320~250)은 "하늘과 땅 그리고 그 사이에서 생겨나 존재하는 모든 것을 물(物)"[7]이라고 정의합니다. 한마디로 물(物)은 존재하는 모든 것을 뜻합니다. 사람 역시 특정한 시간과 공간을 점유하면서 만져지는 존재이니 물에 해당합니다. 인용문의 '물'을 '사람'으로 제한해서 다시 해석하면, 사람은 서로 다른 것이 자연스러운 이치라고 인정한 셈입니다. 맹자는 사람마다 생김새도 다르고 취향도, 생각도 다르다는 사실을 명확하게 인정합니다.

그다음 2단계로 맹자는 사람은 모두 다르지만, 그럼에도 불구하고 사람이라면 누구나 태어날 때부터 공통적으로 지닌 성질이 있다고 생각했습니다. 여기서 중요한 점은, 맹자가 말한 인간의 공통된 특성은 단순한 본능이 아닌, 인간과 동물을 구분 짓는 인간만의 특징이라는 것입니다. 맹자는 "사람이 날짐승이나 길짐승과 다른 점은 얼마 되지 않는다. 서민들은 그것을 내버려두지만, 군자는 그것을 보존한다."[8]라고 말했습니다. 인간은 동물이라는 점에서 생존과 번식의 욕구가 있습니다. 그런 면에서 인간과 동물은 크게 다르지 않을 수 있습니다. 하지만 맹자는 인간과 동물을 구분 지을 수 없는 특성에 대해서는 관심이 없습니다. 맹자가 성선설을 주장할 때 말하는 사람의 본성은, 사람 개개인의 차원이 아니고, 사람 일반이 지닌 성질 가운데 동물도 지닌 성질도 아닙니다. 그것은 동물은 지나지 않고 오직 사람이라면 누구나 선천적으로 지닌 성질만을 말합니다. 이것이 2단계입니다.

3단계는 맹자가 말하는 인간의 선한 본성이 구체적으로 무엇을 의미하는가에 대한 것입니다. 맹자가 말하는 인간의 선한 본성은 사덕(四德), 즉 인의예지(仁義禮智)를 의미합니다. 이 선한 본성이 외적으로 드러난 사단(四端)을 함께 살펴보며, 맹자가 이야기한 인간의 선한 본성에 대해 자세하게 살펴보겠습니다. 사덕과 사단에 대한 맹자의 직접적인 언급은 『맹자』 「공손추 상」에 나와 있습니다.

> "이로부터 보면 측은한 마음이 없으면 사람이 아니며, 자신의 잘못을 부끄러워하고 남의 잘못을 미워하는 마음이 없으면 사람이 아니며, 사양하는 마음이 없으면 사람이 아니며, 옳고 그름을 판별하는 마음이 없으면 사람이 아니다. 측은한 마음은 인(仁)의 끝단[端(단)]이요, 수오하는 마음은 의(義)의 끝단이요, 사양하는 마음은 예(禮)의 끝단이요, 시비하는 마음은 지(智)의 끝단이다."[9]

위의 인용문을 보면 맹자는 인간이라면 응당 남을 불쌍히 여기는 마음인 측은지심, 나의 잘못을 부끄러워하고 남의 잘못을 미워하는 마음인 수오지심, 겸손하고 사양하는 마음인 사양지심, 옳고 그름을 판단하는 마음인 시비지심을 가지고 있다고 보았습니다.

그리고 측은지심은 인의 끝단, 수오지심은 의의 끝단, 사양지심은 예의 끝단, 시비지심은 지의 끝단이라고 말합니다. 여기서 '끝단'이란 어떤 것이 드러나는 첫 번째 단서를 의미합니다. 맹자가 말하는 사단, 즉 측은지심, 수오지심, 사양지심, 시비지심은 내면의 도덕적 본성인 인의예지가 외부로 나타나는 단서들입니다. 다시 말해, 사단은 사덕이 외적으로 드러난 모습입니다. 예를 들어, 불쌍한 처지에 놓인 사람을 보고 측은지심이 드러나는 것은, 그 내면에 인(仁)이라는 근본적인 덕목이 있기 때문입니다. '끝단'이라는 말은 내면의 덕목이 실질적인 감정이나 행동으로 발현되는 지점을 의미합니다. 우리는 사단을 통해 사덕이라는 도덕적 본성의 존재를 확인할 수 있지만, 실제로는 사덕이 더 근본적인 출발점이라고 할 수 있습니다.

그리고 맹자는 "순임금이 여러 사물에 밝고 인륜을 자세히 살펴서 아는 것은 인의(人義)로 말미암아 행한 것이지, 인의를 행한 것이 아니다."[10]라고 말했습니다. 유학자들에게 순임금은 이상적인 인간의 표본입니다. 이를 맹자의 말에 적용하면 이상적 인간이 되려면 인의(仁義)를 행하는 것이 아니라 인의(仁義)로 말미암아 행해야만 합니다. 이 둘을 구분하기 위해 제사를 예시로 들어보겠습니다. 제사를 지낼 때 친척들이 함께 모여 제사를 지내고, 부모님이 절을 하라고 하니 어쩔 수 없이 절을 하고 의식을 따르는 경우가 있습니다. 이때 제사라는 행위는 외부의 규범이나 사회적 압박에 의해 이루어집니다. 즉, 그 사람은 외부의 기대에 맞춰 행동할 뿐, 외부에서 정상이라고 생각하는 하나의 행동 양식을 따를 뿐입니다. 이것이 맹자가 말한 '인의를 행하는 것' 즉, 외재적인 도덕적 규범을 따르는 행위입니다.

반면, '인의로 말미암아 행하는 것'은 어떠한 외부적 압박이나 도덕적 규범과 별개로 내 마음에서 돌아가신 분에 대한 존경과 그리움으로 행동하는 것을 뜻합니다. 이는 앞선 경우와 전혀 다릅니다. 이때 제사를 지내는 행위는 외부의 강요나 기대 때문이 아니라, 내면에서 우러나오는 진심과 도덕적 감정에 기반한 것입니다. 돌아가신 분에 대한 애정과 존경이 자연스럽게 제사의 형식으로 발현된 것입니다.

이 두 경우 모두 행동은 겉으로는 동일할지 모르지만, 그 출발점은 완전히 다릅니다. 성선설을 주장한 맹자에게 사람의 선한 본성에 따라 산다는 것은 내면의 도덕적 본성에서 자연스럽게 우러나오는 행동을 의미합니다.

그래서 우리가 선한 행동을 하기 위해서는 눈에 보이지 않는 우리의 선한 마음을 인식하기 위해 노력해야 합니다. 사덕을 인식하려고 노력하는 사람과 노력하지 않는 사람의 내면적 수양 정도는 엄청난 차이를 보일 수밖에 없습니다. 『맹자』「고자 상」의 한 구절을 함께 보시죠.

> "인의예지는 밖으로부터 나를 용해하는 것이 아니다. 내가 본래 갖고 있었지만, 그것을 사색하지 않았을 뿐이다. 그러므로 '구하면 얻게 되고 놓아두면 잃게 된다'라고 말한 것이다. 혹 사람들 사이의 차이가 배나 다섯 배가 되기도 하여, (사람들이 서로) 계산하지 못할 정도로 차이가 벌어지는 것은 (누구는) 그 재성(才性) 즉 타고난 성질을 (살리고, 누구는) 다 살려내지 못했기 때문이다."[11]

맹자는 사람에게 인의예지 사덕이 본래 내재되어 있지만, 특별한 공부와 수양 없이는 그 사실을 깨닫기 어렵다고 강조합니다. 이전 장에서 공자의 사상을 논의할 때, '학'을 외재적 대상을 통해 깨닫는 '효'와 내재적 대상을 통해 깨닫는 '각(覺)'으로 구분하여 설명했었는데, 맹자의 수양법은 후자인 각에 더 가까운 것으로 볼 수 있습니다. 사람들이 모두 동일한 도덕적 본성을 가지고 태어났음에도 불구하고, 인격의 차이가 발생하는 이유가 여기에 있습니다. 사덕을 인식하고 그것을 수양하는 과정, 그리고 그것을 실천하는 방식에 따라 사람들 사이에 도덕적 성숙도와 인격의 차이가 생기는 것입니다.

4단계에서는 맹자가 사람에게 선한 본성이 있음을 어떤 방식으로 증명하려 했는지 살펴보겠습니다. 먼저 『맹자』 「공손추 상」에 나오는 다음 구절을 보겠습니다.

"지금 어떤 사람이라도 갑자기 어린아이가 우물에 빠지려고 하는 것을 보면, 누구나 놀라며 측은한 마음이 든다. (측은한 마음이 드는 것은) 어린아이의 부모와 교제를 맺으려는 것도 아니고, 마을 사람들이나 친구들에게 칭찬을 듣기 위해서도 아니며, (어린아이를 구하지 않았다고) 비난하는 소리를 듣기 싫어서 그러는 것도 아니다."[12]

이 인용문에서 맹자는 어린아이가 우물에 빠지려는 긴급하고 절박한 상황을 예로 듭니다. 이 상황을 목격한 사람이라면, 어떠한 이익이나 목적과 상관없이 즉각적으로 아이를 구하려는 마음이 들 것입니다. 이는 맹자가 말한 본성(인의예지)이 측은지심으로 드러난 것입니다. 여기서 3단계에서 다루었던 내용을 다시 떠올려 보면, 사단(측은지심, 수오지심, 사양지심, 시비지심)은 사덕(인의예지)의 외적인 표현이니, 측은한 마음이 들어서 아이를 구하려고 행동했다는 건 우리 마음 안의 선한 본성 중 하나인 인이 발현된 것이라 할 수 있습니다.

만약 측은한 마음이 규율이나 훈련, 교육을 통해 습득된 것이라면, 즉각적인 반응은 기대하기 어려울 것입니다. 더 나아가, 많이 배운 사람은 아이를 구할 수 있지만, 상대적으로 교육을 받지 못한 사람은 아이를 구하지 않을 것입니다. 하지만 우리는 직관적으로 알 수 있듯이 교육을 받지 않은 사람도 어린아이가 우물에 빠지려는 순간을 보면 즉시 측은한 마음이 일어나 주저 없이 아이를 구하려고 할 것입니다. 맹자는 본성은 교육이나 외부의 규범을 통해 습득하는 것이 아니라, 인간이 태어날 때부터 자연스럽게 지니고 있는 것이라고 설명합니다.

5단계에서는 맹자가 말한 대로 인간에게 본성이 있다 하더라도 그 본성의 선함을 어떻게 보장할 수 있는가에 대한 맹자의 해명을 함께 살펴보겠습니다. 이를 설명하기 위해, 먼저 맹자가 제자인 공도자(公都子)에게 한 답변을 살펴봅시다.

> "대체(大體)에 종사하면 대인(大人)'이 되고, 소체(小體)에 종사하면 소인(小人)이 된다. … 기관으로서 마음의 역할은 생각하는 것이다. 생각하면 터득하게 되고, 생각하지 않으면 터득하지 못하니, 이것이 천(天)이 사람인 우리에게 부여한 것이다."[13)]

앞 인용문은 제자인 공도자가 왜 어떤 사람은 대인이 되고, 어떤 사람은 소인이 되느냐를 물었을 때 맹자가 답한 내용입니다. 맹자는 인용문 끝부분에서 '이것이 천이 부여한 것'이라고 말하여, 사람이 선천적으로 받아 태어난 그 본성은 천(天)이 부여한 것임을 대놓고 밝힙니다. 여기서 천(天)이란 물리적 하늘이 아니라 궁극적 실재를 의미합니다. 궁극적 실재로서 천을, 맹자는 지선지미(至善至美)라고 표현합니다. 이는 외부의 상황이나 조건에 따라 달라지는 상대적 선함이나 아름다움을 지닌 존재가 아니라, 절대적 차원에서 변하지 않는 선함과 아름다움을 지닌 존재라는 의미입니다. 맹자에게 인간의 본성은 바로 이 지선지미한 천(天)으로부터 부여된 것이기에 도덕적이고 선할 수밖에 없습니다.[14]

여기서 주목해야 할 것은 맹자가 말하는 '마음'이라는 기관입니다. 맹자는 마음이 단순히 감정이나 욕망을 담당하는 역할만 하는 것이 아니라, 생각하고 성찰하는 기능도 함께 갖추고 있다고 보았습니다. 그래서 소체(감각적 욕구)에 집착하는 소인(小人)이 아닌, 도덕적 이상을 추구하는 대인(大人)이 되기 위해서는, 마음으로 깊이 생각하고 깨우쳐서 자신 안에 있는 궁극적으로 선한 마음을 깨달아야 한다고 말한 것입니다.

성선설에 대한 오해: 인간이 선하다면 악인은 왜 존재하는가

맹자를 비판하는 많은 사람이 그의 성선설에 대해 이런 질문을 던집니다. "맹자 당신이 말하는 것처럼 사람이 선한 본성을 타고났다면, 왜 전 세계 곳곳에서 매일 같이 일어나는 패륜과 범죄는 존재하는가?" 그런 극악무도한 행위에 대해 어디 해명이나 좀 해보라고 맹자에게 대놓고 으름장을 놓습니다. 이는 맹자가 살았던 시기에도 마찬가지였습니다. 하지만 맹자는 이러한 으름장과 겁박에 흔들리지 않고 자신의 사상을 강력하게 피력합니다.

> "물이란 것은 (흐르는 방향에 있어) 진실로 동쪽이라거나 서쪽이라거나 정해진 방향은 없겠으나, 위에서 아래로 흐른다고 하는 물성[水性(수성)]마저 없겠는가. 사람의 본성이 선하다는 것은 물이 아래로 흐르는 것과 같다. 본성이 선하지 않은 사람이 없듯이, 물은 아래로 흐르지 않는 것이 없다. 이제 저 물을 쳐서 튀어 오르게 하면 이마를 넘게 할 수 있으며, 솟구치게 하여 흘러가게 하면 산에 있게 할 수 있겠으나, 이것이 어찌 물성이겠는가. 그 세(勢)가 그렇게 만든 것이다."[15)]

맹자는 사람이 선한 본성을 타고난다는 점에 대해 의심하지 않으면서도, 세상에 불선한 행동을 저지르는 사람들이 존재한다는 사실 또한 인정합니다. 그의 관점에서, 선한 본성을 가진 인간이 그 본성을 그대로 드러내면 선(善)한 행동으로 이어지지만, 어떤 방해 요소에 의해 그 본성을 구현하지 못하면 불선이 나타나게 된다고 봅니다. 맹자는 이 방해 요소를 '세(勢)'라 부르며, 이는 '힘'이나 '압력'을 뜻합니다. 즉, 맹자에게 불선은 후천적으로 만난 외부의 힘이나 환경에 의해 선한 본성이 왜곡되거나 억눌려서 나타나는 결과입니다. 맹자는 불선을 선천적 본성의 결핍으로 보지 않았으며, 인간이 선천적으로 지닌 선한 본성을 제대로 발휘하지 못할 때 발생한다고 본 것입니다.

후천적인 방해 요소에서 가장 대표적인 것은 환경입니다. 피할 수 없는 환경은 제외하고, 우리가 스스로 선택한 환경을 생각해 봅시다. 학교 앞에 자취방을 구한 기훈이라는 가상의 인물을 설정해 보겠습니다. 대학에 와서 자취할 때 기훈이에게는 두 가지 선택지가 있었습니다. 하나는 학교 바로 앞에서 자취하는 것이고, 다른 하나는 학교에서 버스로 세 정거장 정도 떨어진 곳에서 자취하는 것이었습니다. 처음에는 시설이나 가격이 훌륭하고, 조용하며 등굣길에 운동도 할 수 있는 후자인 곳에 자취방을 구하려고 했습니다. 그런데 계약 직전에 기훈이는 학교 앞 원룸으로 마음을 바꿨습니다. 오가는 시간을 아끼고 수업에 늦지 않기 위해서였죠. 비싸더라도 학교 앞이 낫겠다고 판단한 것입니다. 친구들과 늦게까지 어울려도 택시비가 들지 않으니, 방값 차이도 크지 않다고 생각했습니다.

하지만 결과는 달랐습니다. 기훈이는 거의 매일 오전 수업을 빠졌고, 오후 수업에 들어가더라도 졸음을 이기지 못해 고개가 떨어질 뻔했습니다. 거의 매일 밤 술을 마시게 됐기 때문입니다. 약속이 없던 날도 학교 앞에 살다 보니, 술 마시던 친구들이 불러내는 일이 잦았습니다. 한 달에 술을 마시지 않은 날은 10일도 채 되지 않았습니다. 술을 마시지 않은 날은 게임방에 있었습니다. 학교 앞에는 술집만 많은 게 아니라, 게임방 시설도 얼마나 좋은지 모릅니다. 결국 기훈이의 이번 학기는 술을 마시며 밤을 새우거나 게임을 하며 밤을 새우는 것으로 지나갔습니다. 그래서 오전 수업은 모두 빠졌고, 오후 수업에 출석하더라도 부족한 잠을 보충하는 데만 열중하게 된 것입니다. 수업에 늦지 않으려고 학교 앞 비싼 원룸을 구했지만, 이번 학기 학교생활은 공부는커녕 방탕한 생활만 이어졌습니다.

왜 이렇게 되었을까요? 기훈이는 학교 앞 원룸을 둘러싼 유흥의 유혹에 결국 무너졌습니다. 기훈이 스스로 선택한 환경 속에서 그는 자신을 환경의 피해자로 만들어 버린 것입니다. 이처럼 환경을 극복하지 못하면, 아무리 사람이 선한 본성을 가졌다고 해도 그 본성은 발휘되지 않습니다. 선한 본성이 드러나지 못한 그 순간 불선이 자라납니다. 이것이 사람이 선한 본성을 지녔음에도 불구하고, 인류 사회에 악이 계속해서 발생하는 이유 중 하나입니다.

또 다른 악의 기원은 인간의 욕망입니다. 맹자는 "귀와 눈 같은 감각기관은 생각하는 작용이 없어서 (그 감각기관의 대상이 되는) 외부의 대상에 방해받을 수밖에 없다. 감각기관의 욕망이 그 기관이 욕망하는 대상과 서로 얽히면 욕망은 그 대상에 끌려갈 수밖에 없다."[16]라고 말했습니다. 사람에게는 눈, 귀, 코, 입, 몸과 같은 감각기관이 있습니다. 기관마다 욕망이 있고, 그 욕망에는 대상이 되는 외부의 사물이 있습니다. 사람은 감각기관이 욕망하는 대상과 접하였을 때 발생한 욕망에 쉽게 끌려갑니다. 예를 들어, 영희가 도서관에서 기말고사 공부를 하고 있는데, 메신저로 알림이 계속 울리는 상황을 생각해 볼 수 있습니다. 알림 소리와 스마트폰 화면 빛이 영희의 귀와 눈을 자극해 스마트폰을 확인하고 싶게 만듭니다. 결국 영희는 스마트폰을 자꾸 확인하게 되고, 집중은 흐트러져 버립니다. 감각기관은 그것이 욕망하는 대상과 직면한 상황뿐 아니라 심지어 생각만으로도 욕망이 생겨 그에 끌려가고 맙니다. 인간에게는 물욕, 성욕, 식욕, 수면욕, 인정욕 등 수많은 욕망이 존재합니다. 사람의 선한 본성은 이런 욕망의 발동에 힘없이 무너져 발현되지 못함으로써 불선을 저지르고 만다는 것이 맹자의 진단입니다.

호연지기(浩然之氣): 선한 본성을 살리는 길

선한 본성을 지닌 사람이 환경의 피해자나 욕망의 노예가 되지 않으려면 어떻게 해야 할까요? 맹자는 그 방법으로 선한 본성을 실현하는 길을 제시합니다. 핵심은 악이 싹트지 않도록 선한 본성을 방해 없이 드러내는 것입니다. 악은 본성이 억눌리거나 실현되지 못할 때 나타납니다. 따라서 인의예지라는 본성이 마치 샘물이 처음 땅에서 솟구쳐 오르듯이, 저 방해 요소들을 뚫고 그대로 실현되도록 하는 것이 무엇보다 중요합니다.

샘물이 솟아오르려면 두 가지 작업이 필요합니다. 첫째는 지하수가 존재하는지를 탐사하는 작업이고 둘째는 암반을 뚫고 시설을 설치하는 작업입니다. 이 과정은 선한 본성이 발현되는 과정과 유사합니다. 자신의 내면을 통찰하는 '각'을 통해 선한 본성이 나에게 있음을 우선 깨달아야 합니다. 그리고 그 본성을 그대로 드러나도록 '세'와 '욕'을 뚫어내야 합니다. 단단한 암반을 뚫어낼 때는 강력한 드릴이 필요합니다. 이와 마찬가지로, 사람의 선한 본성을 가로막고 있는 '세'와 '욕'이라는 암반을 뚫어내기 위해서는 강력한 '마음의 힘'이 필요합니다. 이 강력한 마음을 '호연지기(浩然之氣)'라고 부릅니다.

맹자는 제자가 호연지기가 무엇이냐고 물었을 때, 답변하기 쉽지 않다고 말했습니다. 호연지기는 눈에 보이지 않으니 증명할 수도 없고 말로 형용하기 어려운 개념이었기 때문입니다. 그럼에도 불구하고 맹자는 호연지기를 자신의 특기로 삼았고, 호연지기에 대해 설명하고자 노력했습니다. 그가 제시한 방법은 '배의여도(配義與道)'라는 개념으로 요약됩니다. 여기서 '배(配)'는 서로 다른 성분을 일정한 비율로 섞어 조화롭게 합치는 것을 의미하며, '의'와 '도'를 균형 있게 결합하는 것을 뜻합니다.

'도'를 깨닫는다는 의미인 '명도(明道)'의 의미로 해석하면, 이는 내면에 이미 존재하는 인의예지라는 선한 본성을 자각하는 것을 의미합니다. 앞서 언급한 '각'을 통해 인의예지를 깨닫는 과정과 같은 맥락입니다. 용어나 표현이 다를 뿐, 본질적으로는 모두 선한 본성이 나에게 내재하고 있음을 깨닫는다는 것을 의미합니다.

'의'는 '집의(集義)'의 의미로 해석하면 됩니다. '집(集)'은 '모으다'라는 뜻으로 '축적해 나간다'라는 의미를 담고, '의'는 사덕의 중 하나인 의를 의미하기도 하지만 동시에 인의예지 전체를 의미하기도 합니다. 그러니까 '집의'는 선한 본성을 그대로 실현했던 것을 축적해 나간다는 의미가 됩니다.

맹자는 '집의'에 대해서는 중요한 두 가지 원칙을 덧붙였습니다. 바로 '물망(勿忘)'과 '물조장(勿助長)'입니다. '물망'은 어떤 상황이나 사태에서든 다른 고려 없이 본성을 그대로 발현하려고 애써야 함을 까먹지 않는 태도를 말합니다. '물조장'은 서두르지 말고 자연스럽게 본성을 실현해야 한다는 뜻입니다. '5주 속성 완성'으로 자신의 선한 본성을 깨닫고 다스리려는 태도를 경계해야 합니다. 맹자는 새싹이 잘 자라지 않는다고 인위적으로 뽑아 올리면 오히려 시들어버린다는 비유를 들어, 본성의 발현과 성장은 서두를 수 없다고 경고합니다. '집의'는 꾸준히 반복적인 실천을 통해 이루어지며, 아무리 교묘한 편법을 동원한다고 하더라도 빠른 완성 즉 속성법은 없다는 의미입니다.[17)]

'집의(執義)'는 '명도(明道)'를 통해 깨달은 본성을 상황에 따라 발현하는 체험을 쌓아가는 과정을 말합니다. 비록 '명도'에 도달했더라도, 곧바로 '집의'를 잘할 수 있는 것은 아닙니다. 예를 들어, 기훈과 그의 친구들 사례를 살펴보겠습니다. 기훈은 초등학교 때부터 단짝으로 지낸 영민이라는 친구가 있었습니다. 언제나 함께 놀고 어려운 순간을 함께하며 대학까지 같은 과를 다니게 되었습니다. 그런데 얼마 전, 기훈은 이제껏 경험해 보지 못한 낯선 사건을 겪었습니다. 동기들과 함께 술을 마시던 중 술에 취한 영민이가 민성이와 주먹다짐을 한 것입니다. 기훈은 본능적으로 영민이보단 민성이를 탓했습니다. 그러나 사건의 자초지종을 듣다 보니, 오히려 자신의 둘도 없는 친구인 영민의 잘못이 크고 민성이가 피해자라는 생각까지 들었습니다. 하지만 자신의 가장 절친한 친구인 영민의 잘못을 인정하기 어려웠던 기훈은 영민의 행동을 정당화하며 영민의 편을 들었고 친구들의 중재로 사건은 일단락되었습니다.

집으로 혼자 돌아가는 길에 기훈은 '내가 왜 그랬을까?'라는 의문이 들었습니다. 기훈이 상황을 있는 그대로 받아들였다면, 누가 더 잘못했고 누가 덜 잘못했는지 쉽게 알 수 있었을 것입니다. 그러나 기훈은 자신의 마음이 전하는 메시지를 무시하고, 친구 관계라는 외부 조건에 얽매여 판단을 그르쳤습니다. 인의예지가 사람의 본성이라고 생각하는 맹자에게, 옳고 그름을 판단하는 일은 고도의 수식을 요구하는 일이 아닙니다. 사람이라면 누구에게나 갖춰져 있는 본성인 '지'에 따르면 복잡한 논리나 계산이 필요 없이 자연스럽게 옳고 그름을 분간할 수 있습니다. 이 경우에도 '지'는 기훈에게 메시지를 정확히 전달했지만, 기훈이 본성을 외면했던 것입니다.

이렇듯 친구라는 이유로 본성인 '지(智)'의 발현을 막은 기훈이가 하루아침에 영민이에게 "영민아, 네가 잘못했으니까 민성이에게 사과해"라고 말할 수 있을까요? 아마 쉽지 않을 것입니다. 처음에는 영민의 잘못된 행동에 어색한 표정을 짓는 정도가 기껏해야 최대치일 것입니다. 그러나 이런 어색함에도 불구하고 마음속에서 들려오는 진실을 무시하지 않고 조금씩이라도 그것을 행동으로 옮기며 계속 발현해 나간다면, 기훈은 곧 '말해야 할까 말아야 할까' 고민하게 될 것입니다.

만약 기훈이 여기서 그치지 않고 계속 노력한다면, 그다음에는 '어떻게 말해야 영민이 덜 기분 나빠할까'를 고민하게 될 것입니다. 바로 이런 과정이 '명도(明道)'를 거쳐, '물망(勿忘)'과 '물조장(勿助長)'을 실천하며 '집의(執義)'를 이루어가는 길이라고 할 수 있습니다.

만약 기훈이 자신의 내면에서 들려오는 목소리를 지속적으로 자각하고, 그 자각을 소중히 여기며, 앞으로도 천천히 아주 작은 것이라도 하나씩 꾸준히 실천해 나간다면, 기훈은 점차 '호연지기(浩然之氣)'로 충만해질 것입니다. 그게 충만하면 할수록 기훈은 더욱 본성이 발현되는 대로, 내지는 마음이 내는 소리대로 판단을 하고 행위를 하게 될 것입니다. 그것이 바로 맹자가 말하는 '인의로 말미암는 삶', 즉 대인(大人)이 되는 길입니다.

정리하자면, 호연지기를 기른다는 것은 곧 마음의 힘을 키워, 자신의 본성이 발현되는 대로, 내 마음이 들려주는 소리대로 판단하고 행동하는 것을 의미합니다. 한 사람의 판단과 행동의 가치는 그가 본성의 발현을 얼마나 따랐느냐에 따라 결정됩니다. 당신이 얼마나 선하고 아름다운 사람인지도, 본성에 얼마나 충실했는지에 비례하게 됩니다. 멋지고 아름다운 사람이 되고 싶으신가요? 그렇다면 맹자는 당신의 마음이 들려주는 소리에 귀 기울이고, 그것을 실천하라고 제안합니다.

강의 노트

7장의 내용을 요약하자면 이렇습니다. 맹자는 인간이 선천적으로 선한 본성을 타고난다고 주장하였고 이를 '성선설'이라 합니다. 맹자의 성선설을 제대로 알아보기 위해 다섯 단계에 걸쳐서 맹자의 성선설을 해체해 보았고, 이를 통해 맹자가 말하는 선한 본성이란 인의예지(仁義禮智)라는 사실을 알아보았습니다. 이와 더불어 사람의 본성은 선하지만 외부 환경과 자신의 욕망에 의해 본성이 왜곡될 수 있으며 '호연지기'라는 강력한 마음의 힘을 길러야 한다는 맹자의 가르침을 함께 살펴보았습니다.

8장 교육과 본성 II: 순자의 성악설 바로보기

첫걸음

강의실에서 학생들에게 "여러분도 비폭력 저항운동의 상징인 마하트마 간디나, 빈자와 약자의 보호자인 마더 테레사처럼 될 수 있습니다"라고 말하면 대부분 기뻐합니다. 하지만 "여러분도 제2차 세계대전 중 유대인 대학살을 주도한 아돌프 히틀러나, 아프리카 우간다의 대통령으로 30만 명을 학살한 이디 아민처럼 될 수 있습니다"라고 말하면 대부분 불편해합니다. 많은 학생이 자신이 히틀러처럼 될 가능성을 인정하지 않습니다. 사람들은 자신이 악한 존재가 될 가능성을 인정하기를 꺼리죠. 하지만 인간이라면 누구나 선을 행할 수도 있고, 악을 저지를 수도 있는 존재가 아닐까요? 8장은 우리에게 조금은 불편한 질문으로 시작해 보겠습니다.

오랫동안 동아시아에서 인간 본성이 선하다는 관점의 대표자는 맹자였고, 그에 반대되는 관점의 대표자로 흔히 거론되는 인물이 순자(荀子, 기원전 298~238)였습니다. 순자가 주장한 '성악설(性惡說)'은 동서고금을 막론하고 잘 알려져 있지만, 여전히 학계에서는 성악설에 대한 해석을 두고 논쟁이 끊이지 않고 있습니다. 일부 학자들은 '성악'을 단순히 '인간의 본성은 악하다'라고 번역하기도 하지만, 이런 해석이 순자의 다른 사상과 조화를 이루지 못한다는 점에서 다른 접근이 필요하다고 주장하는 학자들도 있습니다.

이 책에서는 앞에서 맹자의 성선설을 다뤘기 때문에, 학자들 사이의 이견에도 불구하고 순자의 성악설을 다루지 않을 수 없습니다. 필자는 순자의 성악설을 '인간의 본성은 악하다'라고 이해하는 일반적이고 상식적인 견해와는 다른 그것을 제시해 보겠습니다. 제 견해가 다른 책이나 강의에서 접한 것과 다르다면, 그 차이를 비교하고 근거와 이유를 검토해 보시길 바랍니다. 그렇게 한다면 이 책을 읽는 즐거움과 함께 사고의 깊이도 더할 수 있을 것입니다. 곧바로 '성악설'을 논하기보다는 순자의 독특한 이력과 경험을 먼저 살펴보고 '양육'과 '교육'의 개념을 간단히 정리하며 순자의 성악설에 대해서 천천히 살펴보겠습니다.

순자:
잔혹한 시대가 빚어낸 인간 본성에 대한 새로운 통찰

순자의 이력에서 가장 두드러지는 점은 오늘날 산동성(山東城) 치박시(淄博市) 부근의 직(稷)이라는 곳에 세워진 학궁(學宮)에서 최고 책임자인 좨주(祭酒)를 세 차례나 맡았다는 사실입니다. 춘추시대에 최초로 패자에 등극한 제환공이 정부의 싱크 탱크에 해당하는 기관의 필요성을 직감하고 이 학궁을 설립하였습니다. 학궁은 설립 이후, 학파나 이념에 얽매이지 않고 다양한 사상가들이 모여 자유롭게 토론할 수 있는 장을 제공하며 전국시대까지 이어졌습니다. 진나라가 통일 후 학궁을 본떠 70인의 박사관 제도를 도입한 것을 보면, 학궁의 위상이 얼마나 뛰어났는지 알 수 있습니다. 중국 사상의 중심지였던 학궁에서 순자가 세 차례나 최고 책임자를 맡았다는 사실은 그가 당시 학술계를 상징하는 제자백가(諸子百家: 헤아릴 수 없이 많은 학자와 학파)의 철학 및 학설을 다양하게 접하고 연구한 다음, 그 성과를 사숙(私淑)한 공자의 관점에서 집대성하여 자기의 철학을 완성하였음을 의미합니다. 그 결과, 순자와 그의 철학에는 공자를 계승한 유학의 일원이라는 수사뿐 아니라, 선진시대 제자백가를 유학의 관점에서 집대성한 철학이라는 수사가 붙게 되었습니다.[1]

순자가 활약한 시기는 맹자보다 50년 뒤인 전국시대 말기입니다. 이 시기는 춘추시대에 생겨난 1천여 개의 나라들이 통일을 목표로 전쟁을 벌이며 역사상 유례없는 잔인한 섬멸전이 펼쳐지던 때입니다.

대표적인 예가 장평대전(長平大戰)입니다. 이 전투는 기원전 262년부터 260년까지, 오늘날 산서성 진성 고평시 서북쪽에 위치한 장평에서 벌어졌습니다. 참전한 두 나라는 전국칠웅 중 하나인 조나라와 진나라였으며, 조나라 병력은 약 45만, 진나라는 약 40만으로 추정됩니다. 3년 가까이 지속된 전투는 조나라의 장수 조괄이 진나라 장수 백기의 계략에 속아 넘어가면서 조군 40만 명이 포로로 잡히고 허무하게 끝납니다. 문제는 전투 이후에 발생했습니다. 백기는 포로로 잡힌 40만 명의 조군을 처리할 방법을 찾지 못했습니다. 그들을 감시하고 먹일 방법이 없었고, 풀어주면 후에 복수할 것이 분명했습니다. 결국 백기는 15세 이하 250명을 제외한 나머지 포로들을 모두 학살하고 매장했습니다. 이 사건은 후세에 '장평 대학살'로 불리게 되었습니다.

조나라 출신인 순자는 이 비극적인 역사 현장을 직접 목격하고 경험했습니다. 그 잔혹하고도 끔찍한 역사적 순간을 목도한 순자에게 맹자가 주장한 성선설은 사상누각으로 느껴졌습니다. 비록 맹자의 철학에서 왕도정치가 먼저 나오고 인간의 선한 본성에 대한 논의가 뒤를 따르지만, 왕도정치는 결국 사람의 선한 본성을 바탕으로 성립합니다. 순자는 맹자가 인간 본성을 잘못 보았다고 확신했습니다. 그래서 그는 새로운 인간 이해를 제시했는데, 그것이 바로 '성악설(性惡說)'입니다. 성악설은 순자를 역사의 한 획을 그은 철학자로 만들었지만, 동시에 후대 유학자로부터는 유학의 정통 계보에서 쫓겨나게 만든 학설이기도 합니다.

'양육'과 '교육': 인간 성장을 이루는 두 가지 축

TV 프로그램 '동물의 왕국'에서 임팔라가 새끼를 낳는 장면을 본 적 있으신가요? 필자에게 인상적이었던 것은 새끼 임팔라가 어미의 배에서 나오자마자 임팔라가 네 발로 서려고 발버둥 치는 모습이었습니다. 이 과정은 짧게는 몇 분, 길게는 몇 시간이 걸리며, 시간이 짧을수록 생존 확률이 높다고 합니다. 야생에서는 생존이 곧 속도와 직결됩니다. 빠르게 적응하는 개체일수록 포식자의 눈을 피하고, 먹이를 찾으며, 안전한 장소를 확보하는 데 유리합니다. 임팔라는 세상에 나오는 순간부터 자신의 생존을 거의 스스로 책임져야 하며, 야생에서 어미의 도움은 극히 제한됩니다. 이처럼 임팔라의 생애에는 '양육'과 같은 보살핌이 거의 없으며, 태어난 순간부터 독립적인 생존을 요구받습니다.

이에 반해, 사람은 태어났을 때 다른 사람의 도움이 없으면 생존할 수 없습니다. 영아 발달 과정에서도 마찬가지입니다. 개인차는 있지만, 스스로 걷고 배고픔을 해결할 수 있을 때까지는 자신의 생존을 온전히 책임지지 못합니다. 이런 상황에서 사람에게 꼭 필요한 것이 바로 '양육'입니다. 그런데 여러분은 '양육'이라는 단어에 대해 진지하게 고민해 보신 적이 있으신가요? 양육은 정확히 무엇일까요? 우리가 흔히 말하는 '교육'과는 어떻게 다를까요? 고대 그리스 철학자 플라톤에 따르면 '양육'과 '교육'은 명확히 구분되는 개념입니다. 플라톤에게

'양육'은 몸과 마음이 온전하게 성장하도록 돌보는 것을 의미합니다. 반면, '교육'은 "나라의 법과 관습을 유지하고 보존할 수호자들을 길러내는 것"을 목표로 하며, "법질서를 내면화하고 이를 품성으로 배양하는 과정"을 포함해야 한다고 설명합니다.

플라톤의 교육에 관한 정의는 직관적으로 이해되지는 않지만, 오늘날까지도 강력한 영향을 미치고 있습니다. 교육학 용어사전에 나오는 교육(教育: education)의 정의를 보면 이를 실감할 수 있습니다. 거기서 '교육'을 정의하는 핵심은 성장이나 학습이 '인위적 활동인지' 아니면 '자연적이거나 우연적 활동인지'를 구별하는 데에 있습니다. 교육학에서 교육이란 오직 인위적 활동만을 의미합니다. 어떤 특정한 이념이나 이상, 목적 혹은 가치 기준에 의하여 통제하거나 조력하는 일련의 계획적이고 의도된 과정만을 교육으로 정의합니다. 이는 플라톤의 교육에 관한 정의를 추상화한 결과라고 할 수 있습니다. 앞서 보았듯이, 플라톤은 교육을 "나라의 법과 관습을 유지 보존하는 수호자들을 지속해서 키워냄"이라는 특정한 목표와 이를 이루기 위한 인위적 과정-"법질서를 내면화하고 품성으로 배양하는 과정"-으로 정의하고 있기에 그렇습니다.

'교육'에 관한 플라톤이나 교육학의 정의를 따르면, '양육'은 분명 '교육'과 구별됩니다. '양육'에는 특정한 지향이 포함되지 않는 경우가 허다하기 때문입니다. 또한, 생존을 위해 '양육'은 사람 모두에게 필수이지만, '교육'은 어떤 지향이냐에 따라 교육방식이 천차만별일 수 있고, 심지어 특정한 지향이 정해진 '교육' 자체를 거부할 수도 있습니다. 그래서 여러 어려움에도 불구하고, 앞으로 다룰 순자의 철학에서도 '양육'과 '교육'을 가능한 한 구별해서 사용하겠습니다.[2)]

맹자와 순자의 '성': 선천적 본성과 변화 가능성

7장에서 밝혔듯이, 이 책에서는 본성을 두 가지 방식으로 이해합니다. 하나는 본질적 속성, 다른 하나는 본래적 속성입니다. 본질적 속성은 어떤 존재에게 선천적으로 주어져 그 존재를 그 존재이게끔 하면서 항상 그 존재에 내재하는 성질을 의미합니다. 반면, 본래적 속성은 어떤 존재가 태어날 때 지니고 나온 성질이지만, 그 성질이 그 존재를 그 존재이게끔 하지는 않으며 변화할 수 있는 성질을 말합니다. 두 가지 모두 선천적이라는 공통점이 있지만, 본질적 속성은 불변이고 본래적 속성은 변화할 수 있다는 차이점이 있습니다.

맹자가 성선설을 주장할 때의 '성(性)'은 본질적 속성으로, 극악무도한 사람에게도 인의예지라는 본성이 내재해 있습니다. 그의 극악무도함은 그가 자아 내적 '욕'과 자아 외적 '세'에 굴복해 본성을 제대로 발현시키지 못한 결과입니다. 반면, 순자가 말하는 '성(性)'은 본래적 속성으로 선천적으로 타고난 성질에 불과할 뿐 고정불변하지는 않습니다. 이렇듯 맹자의 성선설에서의 '성'과 순자의 성악설에서의 '성'은 애초에 서로 다른 개념이므로, 두 이론을 단순 비교하거나 동일한 차원에서 논하는 것은 잘못된 접근입니다. 이제부터는 맹자의 '성'은 잊고, 오직 순자의 '성'과 '악(惡)', 그리고 '성악(性惡)'에 초점을 맞춰 보겠습니다.

순자의 성:
선악은 오직 사회적 결과에 의해서 결정된다

순자의 '성악설'을 이해하려면 '성'과 '선악' 개념을 먼저 깊이 탐구해야 합니다. 이 과정을 생략하면 성악설을 '인간은 악하다'라는 해석 외에 다른 방식으로 이해하기 어렵습니다. 따라서 두 개념을 면밀히 분석해 보겠습니다.

우선, 순자의 '선악' 개념을 설명하겠습니다. 순자의 '선악'은 동기적, 개인적, 형이상학적 차원과는 전혀 상관이 없습니다. 순자의 선악 개념은 오직 사회적 차원에서 결과론적으로 결정됩니다. 사회적 차원에서 결과론적으로 결정된다는 것이 과연 무엇을 의미하는지, 순자의 직접적인 언급을 통해 살펴보겠습니다.

> "무릇 옛적부터 지금까지 천하에서 선이라고 일컬은 것은 정리평치(正理平治)이고, 악이라고 일컬은 것은 편험패란(偏險悖亂)이다. 이것이 선악의 구별이다."[3)]

순자는 선(善)을 정리평치(正理平治)로, 악(惡)을 편험패란(偏險悖亂)으로 정의합니다. 정리평치는 사회질서를 준수하여 인류 사회의 안정과 평화에 기여하는 것을 의미하며, 편험패란은 사회질서를 어기고 인류 사회의 안정과 평화를 해치며 혼란을 일으키는 것을 말합니다. 순자에게는 아무리 좋은 동기로 시작한 일이라도 결과적으로 남에게 피해를 주면 '악'이 되고, 반대로 나쁜 동기로 시작했더라도 사회에 좋은 결과를 만들어내면 '선'이 됩니다. 순자 관점에서 '악'이란 철저하게 사회적 차원에서 결과적으로만 결정됩니다.

이러한 순자의 견해에 따른 선악 개념에는 두 가지 특징이 있습니다. 첫 번째 특징은 똑같은 행위도 사회적 조건과 상황에 따라 선과 악이 정반대의 결과로 해석될 수 있다는 점입니다. 예를 들어, 우리나라 시골의 한 마을에서 온 동네 사람들이 모여 철수네 돼지고기를 나눠 먹는 행사는 동네 사람들의 우호적 연대감을 높인다는 점에서 선이 될 수 있습니다. 하지만, 돼지고기를 금기로 여기는 이슬람 문화권에서 돼지고기를 나눠주고 먹기를 권장하는 행위는 선이 아닌 악이 될 것입니다.

두 번째 특징은 사회에 영향만 끼치지 않는다면 어떠한 행위도 선과 악으로 결정되지 않는다는 점입니다. 어떤 사람이 무인도에서 혼자 살며 우리가 상상할 수 없는 행위를 저지른다고 하더라도 다른 사람에게 영향을 미치지 않기에 그것은 선과 악이 결정되지 않습니다. 이와 마찬가지로, 깊은 산속에서 혼자 세상의 이치를 깨닫고 열반에 들더라도 사회에 영향을 미치지 않기 때문에 그것은 '선'도 '악'도 아닙니다. 순자에게 선과 악은 인류 사회의 평화와 안정에 기여했는지, 해쳤는지에 따라 결정됩니다. 따라서 순자가 말하는 '성악'에서의 '악'은 개인적, 동기적, 본질적 차원이 아니라, 오직 사회적이고 결과론적인 차원에서만 결정되는 '악'입니다.[4]

다음으로 순자의 성악설을 이해하기 위해 순자의 관점에서 '성'이란 그저 인간이 선천적으로 타고난 속성에 불과하다는 점을 이해해야 합니다. 오늘날까지 전해진 『순자』 32편 중 '성(性)'을 언급한 부분은 22편 「정명(正名)」과 23편 「성악(性惡)」에 집중되어 있습니다. 「정명」에서 순자는 이름을 바르게 한다는 편명에 걸맞게 자신의 철학 체계에서 사용되는 개념들을 정의하며 서두에 '성'을 정의합니다. 순자는 "태어나면서부터 그러한 것을 '성'이라 한다. … 후천적인 노력이나 사회교화를 거치지 않아도 저절로 그러한 것을 '성'이라 한다."[5]라고 말합니다. 순자에게 '성'은 선천적으로 결정되어 타고난 상태를 의미합니다. 사람의 후천적 노력으로는 타고난 '성'의 내용을 변경할 수 없습니다. '성'은 사람에 의해 가공되지 않은, 자연 그대로의 본성입니다. 순자가 '성'의 내용을 구체적으로 설명하는 문단은 다음과 같습니다.

> "이제 사람의 성은 태어나면서부터 이익을 좋아함이 있으니, 이에 따르므로 쟁탈이 생기고 사양함이 없어진다. (사람의 성은) 태어나면서부터 미워함이 있으니, 이에 따르므로 남을 해치는 일이 생기고 충신(忠信)이 없어진다. (사람의 성은) 태어나면서부터 이목에는 욕망이 있

어서 또한 소리와 빛깔을 좋아하니 이에 따르므로 음란한 일이 생기고 예의와 질서가 없어진다."[6]

이 문단의 세 문장은 모두 '태어나면서 A가 있는데, 그 A를 따르면 B가 생기고 C가 없어진다'라는 형식으로 구성되어 있습니다. 여기서 A는 순자가 말하는 '성'의 구체적인 내용을 의미하며, 이익을 좋아하는 '호리(好利)', 남을 시기하고 미워하는 '질오(嫉惡)', 그리고 감각기관인 눈, 귀, 코, 입, 몸이 지닌 '욕망'이 이에 해당합니다.

남의 것을 폭력으로 빼앗는 쟁탈(爭奪), 남을 해치는 잔적(殘賊), 그리고 음란(淫亂)이 B에 해당합니다. B는 스스로 생기는 것이 아니라, 'A를 따르면' 발생합니다. 이때 순자는 'A 그 자체'와 'A를 따르면'을 구별합니다. '성(性)'인 A는 선천적으로 지닌 것이고, 'A를 따르면'은 '성'이 아닌, 발현된 상태인 '정(情)'을 의미합니다.(원문 미주 필수) 즉, 순자에게 '성'은 미발(未發) 상태이며, 발현된 것은 '정'이라고 명명됩니다.

C에는 '사양 없음', '충신 부재', 그리고 '예의와 질서 부재'가 포함됩니다. 사양이 없고, 충신이 부재하고 예의와 질서가 부재한 사회를 상상해 봅시다. 젊은 사람들이 힘으로 할아버지, 할머니, 아이와 임산부를 밀치고 좌석을 차지하고, 권력자 주변에 아부하는 사람들만 가득하고, 사람들이 아무 곳에서나 담배 피우고 침을 뱉고 대소변을 보게 될 것입니다.[7]

위 인용문을 분석해 보면, 순자가 말하는 '성악'을 단순히 '인성은 악하다'로 해석할 수 없다는 결론에 다다릅니다. 다시 강조하자면 순자에게 '악'은 결과론적인 개념입니다. 그러나 '성'은 발현되지 않은 상태, 즉 아무런 결과를 초래하지 않은 상태이기 때문에 '성' 자체에 대해 평가하는 것 자체가 불가능합니다. 그러므로 순자가 말하는 성을 '악'으로 보는 '성악' 풀이는 '잘못된 상식'의 전형이 아닌가 생각합니다. 맹자의 '성'이 도덕적 본성이라면, 순자의 '성'은 도덕적이거나 형태적으로 결정되지 않은 미결정 상태입니다.

지금까지의 논의를 바탕으로 우리는 순자의 성악설이 '인간의 본성은 악하다'라는 단순한 명제로 정리될 수 없음을 알게 되었습니다. 순자의 관점에서 선악은 사회적 차원에서 결과적으로 결정되며, 본성 자체는 선악의 판단 대상이 아니라는 사실을 근거로 성악설의 명제를 수정하면, '인간의 본성 자체는 선하지도 악하지도 않으나, 양육과 교육이 개입하지 않고 그대로 발현되면 사회에는 악한 결과를 초래한다'로 바꿔볼 수 있습니다.

성의 발현 방식:
인간이 개입할 수 있는 영역에서 답을 찾다

순자의 성악설을 이해하면, 자연스럽게 다음 질문으로 이어집니다. 그렇다면 순자는 악한 결과를 방지하고 선을 어떻게 만들어낼 수 있다고 보았을까요? 순자는 "태어날 때의 성은 내가 어찌할 수 없는 바이지만, 그 발현 방식은 변화시킬 수 있다"라고 말했습니다. 순자의 중점은 선천적이기에 사람이 개입할 수 없는 '성'이 아니라, 사람이 개입할 수 있는 발현 방식에 맞춰집니다. 맹자가 하늘이 부여한 선한 본성의 힘을 믿고 이를 통해 인간 세상을 변화시키려고 했다면, 순자는 눈에 보이지 않는 절대적 존재를 믿는 대신 인간이 개입할 수 있는 영역에 집중해 인간 세상을 변화시키고자 했습니다.

그렇다면 순자의 말이 정말 근거가 있는 말인가 따져봐야 합니다. 순자는 어떤 근거를 통해 성의 발현 방식을 변화시킬 수 있다고 했을까요? 지금부터는 순자가 제시한 두 가지 근거를 알아보겠습니다.

> "길거리의 사람이 (이상적 인물인) 우(禹)임금처럼 될 수 있다고 하는데 어째서 이렇게 말하는가? 말하자면, 무릇 우(禹)가 우임금이 되는 소이는 그가 인의법정(仁義法正)-인의는 도덕규범을, 법정은 제도를 의미함-을 실행하기 때문이다. 그런데 누구나 인의법정을 알 수 있고 해낼 수 있는 이치를 지니고 있다는 것이다. 그렇다면 길거리의 사람이 모두 인의법정을 '알 수 있는 바탕[質]'을 가지고 있고, 모두 인의법정을 '해낼 수 있는 능력[具]'을 가지고 있다면 길거리의 사람이 우임금처럼 될 수 있다는 것은 분명하다."[8)]

순자는 성의 발현 방식을 변화시킬 수 있는 근거로 '알 수 있는 바탕[質]'과 '해낼 수 있는 능력[具]'을 지목합니다. 이에 대해 순자 철학을 못마땅히 여기는 학자들은 의구심을 표출합니다. '이 두 가지 능력의 유래를 어떻게 설명할 것인가?', '만약 사람이 본래 가지고 있는 능력이라면 '성'에 포함되어야 하지 않는가?' 더 나아가, '이 두 능력이 성에 포함된다면 성악설 자체가 성립할 수 없지 않은가?'라며 종주먹을 들이밉니다.[9)]

일단 순자는 "무릇 그로써 아는 것이 사람의 본성이고, 그로써 알려질 수 있는 것이 물(物)의 이치이다."[10)]라고 명확히 밝히고 있습니다. 순자에게 '알 수 있는 바탕'은 '성'입니다. 그렇다면 순자의 성악설을 비판하는 사람들의 말처럼 '알 수 있는 바탕'과 '해낼 수 있는 능력'이 성에 포함된다면 '성악설'이 성립할 수 없는가를 따져봐야 합니다. 필자의 관점에서 볼 때 이러한 비판은 기본 전제에서부터 성립하지 않는 것으로 보입니다. 순자에게 '성'은 사람이 태어날 때 지니고 나온 것이며, '악'은 사회적이고 결과론적인 개념입니다. 따라서 '알 수 있는 바탕'과 '해낼 수 있는 능력'은 인간이 태어날 때부터 지니고 있는 것이지만, 이것이 '선'인지 '악'인지는 아직 결정되지 않은 상태입니다. 그러므로 순자의 성에 이러한 바탕과 능력이 포함된다고 해서 '성악설'이 성립되지 않는 것은 아닙니다.

예와 스승:
인간 성품을 교정하고 사회를 이끄는 두 축

순자는 인간이 갖춘 '알 수 있는 바탕[質]'과 '해낼 수 있는 능력[具]'을 통해 '성'의 발현 방식을 변화시킬 근거를 마련하였습니다. 그럼에도 아직 문제는 남아 있습니다. 변화할 수 있는 것은 알겠는데, 과연 어떻게 변화할 것인가가 관건입니다. 땔감이 있다고 안방이 따뜻해지는 것이 아니듯이, 땔감에 불을 붙여야 합니다. 그러면 불만 붙이면 되느냐, 그렇지도 않습니다. 어느 곳에 붙이느냐도 중요합니다. 안방 아궁이에 붙여야지 잘못 붙이면 집을 태워 먹을 수도 있습니다. 다시 말해, '성'의 발현 방식을 변화시켜야 하지만, 그렇다고 변화가 생기기만 하면 만사가 오케이는 아니라는 것입니다. 사회적으로 더 큰 혼란을 가져온다면, 이는 변화를 시도하지 않으니만 못한 결과를 낳기에 그렇습니다. 따라서 관건은 '알 수 있는 바탕[質]'과 '해낼 수 있는 능력[具]'으로 무엇을 학습하고 실천해야 결과적으로 사회에 좋은 영향을 발휘하는 '선'이 되게 할 수 있느냐는 것입니다. 이에 관한 순자의 발언이 『순자』 곳곳에 드러나 있습니다. 이를 살펴보겠습니다.

"옛날 이상적 임금은 사람의 성이란 타고난 상태로 내버려두면 악한 결과를 초래한다고 여겼다. … 이에 사람들을 위하여 예(禮)를 일으키고 법도(法度: 할 수 있는 것과 할 수 없는 것을 정한 규범)를 만들어 인성의 발현 방식을 교정하였다. 인성의 발현 방식을 길들이고 교화하여 인도하니, 비로소 사람들이 모두 법도를 지키고 도에 맞게 되었다. 이제 사람이 스승의 교화를 입고 문화 지식을 쌓아 예를 실천한 사람은 군자가 되고, 인성의 발현 방식을 방치하고 제멋대로 하는 데에 편안하여 예를 어긴 사람은 소인이 된다."[11]

"그러므로 스승과 예의법도가 있다는 것은 사람에게 큰 보배이다.

스승과 예의법도가 없다는 것은 사람에게 큰 재앙이다. 사람에게 스승과 예의법도가 없으면 그의 본성을 방임하게 되고, 사람에게 스승과 예의법도가 있으면 학습을 중시할 것이다. 그런데 스승과 예의법도는 끊임없는 (후천적) 학습으로 얻어지지, (선천적) 본성에서 얻어지는 것이 아니다."[12]

순자가 '알 수 있는 바탕'과 '해낼 수 있는 능력'으로 학습하고 실천할 대상으로 제시한 바는, 예의법도와 스승입니다. 순자에게 스승은 예의 본보기이자 계승자인데, 예는 "사람이 지켜야 할 최고의 도리"[13]이자, "사회의 갈등과 대립을 해결하는 근본 원칙"[14]입니다. 그러니까 순자는 알 수 있는 바탕과 해낼 수 있는 능력을 통해, 예(禮)와 그 예의 본보기인 스승이 전수하는 문화의 가르침을 학습하고 실천함으로써 인성의 발현 방식을 교정하고 변화시킬 수 있다고 본 것입니다. 그래서 순자는 "이제 사람의 '성'은 타고난 상태 그대로 내버려두면 악하게 되는지라 반드시 스승과 예법(禮法)의 가르침이 있는 뒤라야 바로잡히게 되는 것이다."라고 역설하였습니다.[15]

순자가 생각하는 '예와 스승의 관계'를 엿볼 수 있는 구절이 「수신」에 실려 있습니다. 순자는 「수신」에서 "예는 그로써 몸을 바르게 하는 것이요, 스승은 그로써 예를 바르게 해석하는 것이다. 예가 없이 무엇을 가지고 몸을 바르게 하며, 스승 없이 내가 어떻게 예가 옳다는 것을 알겠는가? … 그러므로 배우려는 것은 예법이고, 스승의 예법을 본받음으로써 바른 예절을 삼고, 스스로 편안하게 여기는 것을 귀하게 여긴다."[16]라고 말합니다. 스승은 제자에게 본받음의 대상이고 예를 전달하는 주요 통로이며, 그리고 예를 올바르게 해석해 주는 지적인 판정자입니다.

대체로 사람은 재물과 권력을 갖고자 합니다. 무한한 욕망의 소유자인 사람이 유한한 재물과 권력을 가지려 죽어라 서로 경쟁합니다. 사회 대부분의 혼란은 바로 여기서부터 시작됩니다. 오늘날은 '법'이 사회적 혼란을 차단하는 역할을 하지만, 순자나 순자 이전 시대의 선각자들은 '예'를 제정하여 사회적 혼란을 평정하고자 하였습니다. 그렇다면 왜 '법'이 아니라 '예'를 통해서 세상을 평정하고자 노력하였는지, 예의 기원과 예의 제정 방식에 대한 순자의 발언을 통해 살펴보겠습니다.

"사람들은 태어나면서 욕구가 있는데 욕구하여 얻지 못하면 추구하지 아니할 수 없고, 추구하되 일정한 한도와 한계가 없으면 다투지 않을 수 없다. 다투게 되면 혼란하게 되고, 혼란하게 되면 어렵게 된다. 선왕이 그러한 혼란을 싫어하였기에 예를 제정하여 등급을 나누고, 사람들이 욕구를 조절하여 사람들의 요구를 만족시키고자 하였다. (한계없는) 욕구로 인해 물자가 부족하여 만족을 얻지 못하는 데 이르지 않게 하고, (유한한) 물자가 (무한한) 사람들의 욕구에 고갈되지 않게 하여, 물자와 욕구가 서로 제약되도록 하여 오래도록 어울리게 하려는 것이니, 이것이 예가 기원한 까닭이다."[17]

사람의 욕망을 충족시키면서도 자원의 고갈을 막고, 사람들이 다투지 않기 위해 '예'가 필요합니다. '예'의 기원은 사람의 무한한 욕망과 유한한 재물·권력 사이의 관계를 조정해 사회적 혼란을 방지하는 데 있습니다. 예의 제정 방식 또한 이러한 기원에 영향을 받습니다. 그 방식의 핵심은 '등급을 나누어' 사람들 간의 차이를 두어, 각자의 욕망과 요구를 조절하자는 것입니다.

여기에는 오늘날 사람들의 관점에서 받아들이기 어려운 가정이 포함됩니다. 오늘날 한국 사회에서 사람들은 '불공정'과 '불평등'을 가장 억울하게 여깁니다. 그러나 순자는 세상에 차이가 있음을 처음부터 인정하고, 이에 따라 질서와 규범을 만들 것을 제안합니다. 사람마다 다른 생리적 조건, 경제적 여건, 사회적 지위를 고려해, 욕망 실현의 규범인 '예'를 세우자는 것입니다. 즉, '예'는 사람들 사이의 차이에 따라 할 수 있는 일과 할 수 없는 일을 규정하는 행위 규범입니다. 다만, '예'는 법이 아니므로 강제적이지 않지만, 자율에만 속하는 것도 아닙니다. 양육과 교육의 기준으로서 예는 교화의 영역에 속한다는 점에서 자율과 강제의 경계 부근에 넓게 걸쳐 있다고 보는 것이 타당할 듯합니다.

경제적 조건이나 사회적 지위에 따라 준수할 예에 차이가 생긴다는 것은 상식적인 수준에서 생각할 수 있습니다. 이를테면, 매주 십억 원이 넘는 급여를 받는 '살아있는 전설' 리오넬 메시가 차는 시계를 아르바이트로 하루하루를 버텨내는 고학생이 차는 것은 문제가 있지 않을까요? 우리나라 대통령의 의전용 차량은 재벌이라도 살 수는 없습니다. 그것은 돈의 많고 적음의 문제가 아니라, 우리나라를 대표하는 대통령이라는 사회적 지위에 의해 허용되는 차량이기 때문입니다. 물론 이러한 차이에 대한 예는 권고 사항이지 강제 사항은 아닙니다. 그래서 예는 교화의 영역에 속하는 규범으로서 완전히 자율적이지는 않을지언정 법처럼 강제적이지는 않다고 말한 것입니다.

생리적 조건은 나이와 몸의 상태 등을 포함합니다. 50년 전 대한민국의 대중교통에는 교통 약자에게 자리를 양보하자는 권고 문구나 전용 좌석이 없었습니다. 교통 약자에게 좌석을 양보하는 것은 그저 자연스러운 일이었습니다. 그러나 시간이 지나면서 교통 약자에게 자리를 양보하는 일이 드물어지더니 자리를 양보하자는 권고 문구가 붙기 시작했습니다. 하지만 이 역시 어디까지나 권고 사항일 뿐, 강제적인 것은 아니었기에 주위의 눈치를 견디면 지키지 않아도 되었습니다. 바로 이 지점이 지점까지가 '예'의 작동 범위입니다. 즉, '예'는 사람들의 생리적 조건을 고려해 애당초 다르게 만들어집니다. 이렇듯, 준수할 사람의 나이나 몸의 상태 등을 고려하여 정교하게 만든 '예'지만, 이것을 수행하지 않았다고 해서 강제적 제재가 주어지지는 않습니다.

참고로, '예'가 더 이상 효과를 발휘하지 못하게 되면, 그 자리를 대신할 더 강제적인 것이 필요해집니다. 이를 보여주는 예로, 어느 날부터 지하철에는 임산부 전용 좌석이 생겼습니다. 이 좌석은 누가 앉아 있든 임산부가 임산부 카드를 제시하면 그 자리를 내어줘야 합니다. 사람들이 '예'를 따르지 않게 되자 자율성을 박탈하고 그보다 더 강제적인 것이 등장한 것이지요. 이처럼 '예'와 '법'의 관계는 마치 갈

등을 대화로 해결하지 못하면 결국 물리적 충돌로 이어지는 것과 유사합니다.

순자의 성악설:
생긴 대로 살 것인가, 나를 변화시킬 것인가?

가을 과일의 대표인 감은 씨를 그대로 흙에 심어서는 감으로 자라지 못하고 고욤나무가 됩니다. 고욤나무가 감나무가 되려면 그 몸을 베어내고 감나무 묘목을 접붙이는 과정이 필요합니다. 순자는 사람도 이와 같다고 보았습니다. 사람은 타고난 대로 살아가면 사회에 악영향을 미칠 뿐입니다. 그러므로 사람은 양육과 교육, 특히 교육의 아픔을 겪어야 비로소 인간다운 존재가 될 수 있습니다. 타고난 인성의 발현 방식을 예와 스승의 가르침을 통해 탈바꿈할 때만이 사람 노릇을 할 수 있는 사람이 됩니다.[18)]

순자의 관점에서 사람은 태어나는 순간부터 예에 의해 양육과 교육을 받아야 하는 존재입니다. 이는 선천적으로 갖추지 않은 습관을 형성하는 과정과 같습니다. 예를 들어, 현대 대한민국에서는 6세 미만의 아이가 자동차를 탈 때 카시트를 착용해야 합니다. 만약 순자가 오늘날의 양육자였다면, 병원이나 조리원에서 신생아를 데려올 때를 제외하고, 아이가 처음으로 차에 타는 순간부터 카시트를 착용하게 했을 것입니다. 아이는 처음에는 그 이유를 이해하지 못하겠지만, 반복해서 카시트를 착용하다 보면 카시트가 자연스럽게 몸에 배어 이질감을 느끼지 않게 될 것입니다.

종종 카시트 착용이 아이의 변덕 때문에 쉽지 않다고 말하는 경우가 있습니다. 아이가 나이를 먹고 체격이 커지면서 카시트 착용을 거부하는 일이 많다는 것입니다. 그러나 문제의 원인은 아이가 아니라, 실제로는 양육자에게 있는 경우가 더 많습니다. 많은 양육자가 카시트 착용 규정을 자신의 기분에 따라 지키기도 하고 무시하기도 하면서, 아이를 혼란스럽게 만듭니다. 무엇이 옳고 그른지 판단하기 혼란스러운 아이에게 남은 것은 자신의 욕망을 실현하는 것뿐이니 떼를 쓰거나 고집을 부리게 되는 것이죠.

이때 양육자는 카시트 착용이 번거롭다거나, 아이가 떼를 써 주위에 피해를 주면 안 된다거나, 혹은 아이의 기를 꺾을까 걱정된다는 등의 근거 없는 합리화를 통해 또다시 규정 준수를 포기해 버리곤 합니다. 아이가 좋은 습관을 형성할 수 있을지는 단지 아이의 문제만이 아닙니다. 양육자가 일관되게 규범을 지키고, 아이에게 명확한 기준을 제시해야만 비로소 아이도 그 습관을 체득할 수 있습니다.

정리하자면, 한 사람의 생애에서 양육과 교육 중 양육이 더 중요한 시기에는 양육자의 역할이 아이보다 더 큰 비중을 차지합니다. 어린이가 아무리 떼를 쓰고 고집을 부리더라도, 양육자가 "안 되는 것은 안 된다"는 메시지를 확실하게 전달할 때에만, 아이는 억지를 멈추고 올바른 습관을 형성할 수 있습니다. 양육 기간 동안 아이가 좋은 습관을 형성할 수 있을지의 여부는 양육자가 원칙을 끝까지 지키느냐에 달려 있습니다. 만약 아이가 전문가의 도움을 받아야 하는 특수한 상황에 처한 게 아니라면, 양육자가 원칙을 가지고 인내심을 발휘하는 것이 아이가 본성을 넘어 새롭게 성장하는 데 결정적인 역할을 합니다.

그러다 어느 순간, 양육보다 교육이 더 중요한 시기가 찾아옵니다. 우리나라로 치면 초등학교에 입학 이후부터는 무게 중심추가 양육에서 교육으로 옮겨간다고 보면 되겠습니다. 오늘날 의무 교육은 '지식'을 가르치는 일이지만, 순자에게 교육은 '예'를 가르치는 일입니다. 순자에게 교육은 지식을 누가 많이 저장하고 활용할 수 있는지를 측정하는 일이 아닙니다. 타고난 본성을 변화시키지 않으면 악한 존재가 될 수 있는 나를, 사람다운 사람으로 만드는 것이 교육의 목표입니다. 그렇기에 순자에게 교육의 내용은 '예'일 수밖에 없습니다. 앞서 말했듯, 순자에게 '예'는 개인적으로는 "사람 도리의 최고의 표준"이며, 사회적으로는 "사회의 갈등과 대립을 해결하는 근본 원칙"입니다.

그러나 아무리 '예'가 중요한 가르침이라고 해도, 그것이 학습자의 의지나 실천과 무관하게 효과를 발휘할 수 있는 것은 아닙니다. '예'는 만병통치약이 아닙니다. 이 시기의 핵심은 '예'라는 가르침 그 자체가 아니라, 학습자가 그 '예'를 받아들이고 스스로 자신의 삶에 적용하려는 의지와 노력이 얼마나 있느냐에 달려 있습니다. '예'는 완성된 진리가 아니라, 학습자가 스스로 체득하고 실천해야만 비로소 의미를 갖는 가르침입니다.

여기서 중요한 것은 바로 '인정'입니다. 만약 자신이 희대의 살인

마나 역사상 최악의 학살자 히틀러와 같은 인물이 될 가능성이 전혀 없다고 믿는다면, 스스로 변모하려는 의지와 실천이 생길까요? 자신이 절대적으로 선하거나, 어떤 상황에서도 악한 사람이 되지 않을 것이라고 확신한다면 변화하려는 동기는 사라질 것입니다. 즉, 자신의 본성 안에 악한 면모나 타락할 가능성이 있음을 인정하고 직시할 때에만, 이를 변화시키려는 의지와 더 나은 사람이 되기 위한 노력이 시작됩니다. 순자의 '성악설'은 단순히 "인간은 내버려두면 악해진다"라는 비아냥이 아닙니다. 오히려, 인간이 악한 존재가 될 수 있다는 인식을 통해 더 나은 존재로 나아갈 가능성과 잠재력을 강조하는 이론입니다.

비록 나를 변화시키려는 의지와 실천하려는 마음이 생겼더라도, 그 과정은 쉽지 않습니다. 고욤이 감이 되기 위해 몸을 째듯이, 사람다운 사람이 되기 위해서는 타고난 '나'를 깎아내고 새로운 '나'를 형성해야 하기 때문입니다. 새로운 '나'의 형성은 곧 새로운 습관의 형성을 의미합니다. 습관이란 원래 내가 지니고 있지 않았던 것을 내 안에 새롭게 지니게 되는 절차입니다. 순자에 따르면, 이 습관을 형성하는 기준은 '예'와 '스승'입니다.

만약 스승이 소매치기 기술의 전수자가 아니라, '예'의 본보기라면, 이제는 내가 얼마나 진심으로 실천하느냐가 중요해집니다. 내가 얼마나 진심으로 임하느냐에 따라 새롭게 태어날 '나'의 모습이 결정됩니다. 물론 형성된 습관이 모든 것을 좌우하는 것은 아니지만, 이 습관이 '새로운 나'의 첫 번째 조건이 됩니다. 나는 내가 형성한 그 습관에 의지하여, 그 습관을 반복함으로써 나만의 고유한 특성, 고유한 실체를 만들어갑니다. 순자의 관점에서 '나'라는 존재는 어떤 습관을 형성했고, 그것을 얼마나 반복했느냐에 따라 다른 존재와 구별됩니다.[19)]

이해를 돕기 위해, 순자가 말하는 '습관'을 '렌즈 필터'에 비유하여 테레사 수녀님과 현재의 나 그리고 히틀러에게 적용해 보겠습니다. 이때 '렌즈 필터'의 역할은 '성'이 발현할 때 타고난 그대로 발현되지 못하게 굴절을 일으키는 것입니다. 이 굴절은 무언가가 '밖에서 안으로 들어올 때' 일어나는 것이 아니라, '안에서 밖으로 나갈 때' 일어나는 것입니다. 이 점 놓치지 마십시오.

테레사 수녀님이 생존에 지니셨던 '렌즈 필터'와 현재의 내가 지닌 '렌즈 필터'를 비교해 보면, 재질보다는 두께에서 차이를 보일 것입니다. 둘 다 똑같이 '예'라는 재질로 된 렌즈 필터를 가지게 되었지만, 테레사 수녀님은 그것을 매일같이 갈고닦아 그것의 두께를 9만큼 만드는 동안 나는 두께를 3만큼밖에 만들지 못해서입니다. 테레사 수녀님과 현재의 내가 하루하루 살아가는 것이 다른 것은, 비록 타고난 '성'은 같을지라도, 그 '성'이 발현될 때 렌즈 필터 두께의 차이에 따라 굴절률에 차이가 발생하기에 그렇습니다. 굴절률이 높을수록 그것이 사회에 긍정적인 영향 즉 '선'이 될 가능성 역시 정비례해서 높아집니다.

테레사 수녀님과 히틀러의 차이는 렌즈 필터 두께의 차이라기보다는 그것의 재질 자체가 다르거나, 아니면 그것이 있느냐 없느냐 정도의 차이일 수 있습니다. 재질의 차이란 테레사 수녀님의 렌즈 필터가 순자가 말하는 '예'를 재질로 삼았다면, 히틀러의 필터는 타고난 '성' 자체를 재질로 삼았을 가능성이 크다는 것입니다. '예'라는 재질로 된 렌즈 필터를 장착한 테레사 수녀님의 경우에는, 타고난 '성'이 그대로 발현되지 못하고 그것의 두께인 9만큼 굴절되어 발현됩니다. 수녀님도 사람이니 당연히 이기심이 있으셨을 것이고 나도 있고 히틀러도 있습니다. 그런데 수녀님의 이기심은 9만큼 굴절되어 나옵니다. 9만큼 굴절된 이기심은 결과적으로 사회에 독이 아니라 선한 영향력을 발휘합니다. 이기심이 이기심이 아니게 된 것입니다. 반면, 어떠한 렌즈 필터도 장착하지 않은 것으로 추정되는 히틀러는 타고난 '성'이 1의 굴절도 없이 그대로 발현됩니다. 굴절되지 않은 만큼 그대로 사람들이 모여 사는 사회에 해를 끼칩니다. 그러니까 순자에게 교육이란 사람이 태어날 때는 없었던 렌즈 필터를 새롭게 만들어 장착해 가는 노력이자 과정입니다. 렌즈 필터의 성능은 그것이 '예'와 같은 좋은 재질로 되었으면 되었을수록, 그리고 굴절률이 높으면 높을수록 좋아집니다.

순자는 태어날 때 지닌 그 잠재적 인성을, 태어난 이후 접한 '예'라는 기준에 따라 새롭게 조성할 때만이 이 사회에서 살아갈 자격을 습득하고 나아가 다른 사람들에게 민폐를 끼치지 않으며, 더 나아가 다른 사람의 본보기와 같은 존재가 될 수 있다고 보았습니다. 태어난 그대로의 '나'를 실현하는 것은 순자에게 '악'이 될 뿐, 선이나 아름다움이 될 수 없습니다. 순자에게 어떤 사람의 선함과 아름다움은 '예'

를 기준으로 새로운 습관을 형성하고, 나아가 그 습관을 얼마나 반복해서 실천했는지에 따라 결정됩니다. 따라서 순자가 남긴 철학에서 선하고 아름다운 사람은 오직 교육을 통해서만 세상에 모습을 드러낼 수 있습니다.

한비(韓非):
인간은 이기성을 벗어날 수 없다

순자는 흔히 인간이 본래 악하다고 주장한 철학자로 알려져 있습니다. 하지만, 그는 인간이 선한 존재로 변화할 가능성을 저버리지 않았습니다. 그것은 "길거리의 사람이 (이상적 인물인) 우(禹)임금처럼 될 수 있다는 것은 분명하다."[20]라는 그의 언명에 잘 나타납니다.

사람이 선해질 수 있다는 가능성마저 차단한 철학자는 따로 있습니다. 바로 그 인물은 동아시아 역사에서 법치를 강조한 대표적인 철학자로 꼽히는 한비입니다. 한비는 '법'에 의한 통치를 주장했는데, 이를 채택한 인물이 바로 중국 최초의 황제로 등극한 진(秦)나라 진시황입니다.

흥미로운 점은 한비가 순자의 제자였다는 사실입니다. 순자가 '예'를 통해 도덕적 규범으로 사회적 혼란을 해결하려 했다면, 한비는 '법'이라는 물리적 힘을 통해 사회질서를 유지하고자 했습니다. 이 대조는 동아시아 철학에서 도덕과 법, 교육과 강제의 차이를 상징적으로 보여주며, 스승과 제자 간의 사상적 차이를 극명하게 드러내는 사례입니다.

한비가 스승인 순자와 달리 법치를 주장한 데에는 몇 가지 이유가 있습니다. 그중 첫 번째 이유는 한비가 순자보다 시대와 세상의 변화에 더 민감하게 반응했기 때문입니다. 한비는 세상이 끊임없이 변하고, 그에 따라 새로운 문제들이 발생한다고 보았습니다. 시대가 바뀌면 사람들의 사고방식과 생활 방식도 달라지고, 이에 맞춰 사회 제도나 규범, 통치 방식도 변화해야 한다고 믿었습니다. 한비는 자신이 맞닥뜨린 전국시대 말엽의 무질서에는 맹자의 왕도정치는 물론이고, 자신의 스승인 순자가 주장하는 예를 통한 통치마저도 무용지물이라고 보았습니다. 그래서 한비는 물리적 힘을 통해서만 이 혼란을 해결할 수 있다고 결론 내렸습니다. 그 결과, 한비는 스승의 '예'를 물리적 힘과 같은 법치로 대체했습니다. 이는 단순한 도덕적 가르침이나 규범으로는 더 이상 사회의 질서를 유지할 수 없다고 보고, 법과 강제를 통한 통치가 필요하다고 판단한 것이었습니다.

한비가 법치를 주장한 두 번째 이유는, 사람이 지닌 '이익을 좋아하고 해를 싫어하는' 호리오해(好利惡害)라는 속성을 스승인 순자와 다르게 해석했기 때문입니다. 순자의 철학에서 호리오해는 인간의 본래적 속성입니다. 본래적 속성이기에 잠시 방심하면 언제든 발동합니다. 그렇다고 해서 원천적으로 막을 수 없는 발동은 아닙니다. 예를 기준으로 하는 양육과 교육 과정을 거친다면, 본래적 속성인 호리오해의 발현 방식에 변화를 불러올 수 있기 때문입니다. 단적으로, 피곤한 몸을 이끌고 탄 버스에서 교통약자에게 자리를 양보하기도 하니까요. 반면, 한비는 이 호리오해를 사람의 본질적 속성으로 봅니다. 그것은 한비가 호리오해를 순자처럼 교화의 대상으로 보지 않은 데다가, 호리오해의 발현 방식을 바꿀 수 있다는 일말의 여지조차 인정하지 않았음을 의미합니다. 그러기에 한비는 사람들이 맺는 모든 관계는 결국 이해타산의 관계에서 벗어날 수 없다는 지점에 이릅니다.

한비는 기원전 3세기 사람들이 중시하는 다양한 관계를 해부하여, 호리오해가 본성인 사람은 이해타산의 관계에서 벗어나지 못함을 예시합니다.[21] 이곳에서는 임금과 신하, 임금과 백성 그리고 부모와 자식의 관계만을 뽑아 보겠습니다. 순서를 이렇게 잡은 것은 점층적 효과를 위해서입니다.

먼저, 한비는 임금과 신하의 관계를 상거래 관계로 보았습니다. 그는 "신하는 죽을힘을 다하는 것으로 군주와 흥정하고, 군주는 벼슬자리로 신하와 거래한다."[22]고 설명했습니다. 즉, 임금은 자신의 권력과 부(富)인 벼슬자리와 녹봉을 신하에게 제공하고, 신하는 그 대가로 충성과 능력을 바쳐 임금과 거래하는 일종의 이해관계에 기반한 관계라는 것입니다.

한비는 왕과 백성의 관계를 일종의 일방적 착취 관계로 보았습니다. 그는 "군주는 백성에게 전쟁 같은 어려운 상황에서는 죽음을 각오한 헌신을 요구하고, 평화로울 때는 백성이 죽어라 일하길 요구한다"라고 주장했습니다. 당시 왕토(王土) 사상에 따르면, 하늘 아래 모든 땅은 왕의 소유로 간주되었고, 백성은 왕이 내어준 땅에서 일하고 사는 존재였습니다. 그에 따라 임금은 자신의 소유인 땅을 백성에게 나눠주고, 그 대가로 평화 시에는 백성의 노동력을, 전쟁 시에는 백성의 전투력을 요구했습니다. 표면적으로는 상호적인 관계처럼 보일 수 있지만, 실질적으로는 백성이 일방적으로 헌신을 강요받는 착취적인 관계에 가깝다는 것이 한비의 지적입니다.

받아들이기 어려운 분도 있겠지만, 한비는 부모와 자식의 관계 역시 이해타산에서 벗어날 수 없다고 봅니다. 한비의 말을 직접 들어보시죠.

> "적자로서 태자된 사람 가운데 그 (아비인) 임금이 일찍 죽기를 바라는 이가 더러 있다."[23)]

> "부모가 자식을 생각하기를, 아들은 낳으면 서로 축하하고, 딸을 낳으면 딸을 죽인다. 아들이든 딸이든 자식은 모두 부모의 품에서 나왔거늘, 아들을 낳으면 축하를 받고 딸을 낳으면 죽이는 것은 뒷날의 편안을 고려하고 장기적인 이익을 계산한 것이다."[24)]

한비는 부모가 자식을 생각할 때도 결국 다른 사람들과의 관계처럼 이해타산을 따진다고 봅니다. 다른 관계와의 차이가 있다면 장기적인 이익을 기대하기 때문에 우호적인 관계를 오랫동안 유지하려고 노력할 뿐, 본질적으로는 이해관계에 뿌리를 두고 있다는 것입니다. 반대로, 자식이 부모와 맺는 관계 또한 이해타산에서 벗어날 수 없다고 봅니다. 자식의 처지에서 자기를 낳아주고 양육해 주고 교육해 준 존재가 부모일지라도, 어느 날부터 그 부모가 자기의 더 큰 이익에 걸림돌이 된다면 그 존재의 부재를 꿈꾸기 시작한다는 것입니다.

한비는 부모와 자식 간의 관계조차도 이해관계에 기반한 것이라 단언합니다. 부모와 자식이 서로 돌보거나 사랑하는 것조차 근본적으로는 자신에게 이익이 되기에 그렇게 한다는 것입니다. 한비에게 인간의 모든 관계는 이익과 손해를 떠나서 맺어지지 않습니다.

강의 노트

7장과 8장에서 맹자와 순자, 그리고 한비의 인간 이해를 살펴보았습니다. 맹자는 마음의 힘을 키워 나의 본성이 나에게 들려주는 대로 판단하고 행동할 것을 제안합니다. 순자는 예와 같은 바람직한 기준에 따라 좋은 습관을 형성하고 그것을 반복 실천하여 태어날 때의 나와 다른 나를 새롭게 조성할 것을 제안합니다. 한비는 애당초 사람이라는 존재는 이해타산에서 벗어날 수 없음을 경고합니다. 맹자와 순자는 유학자이고, 순자와 한비는 스승과 제자 사이임에도 불구하고 이런 차이점을 드러냅니다. 이는 모두 각 철학자가 파악한 인간 이해가 다르기 때문입니다. 여러분은 누구의 인간 이해가 가장 타당하다고 여기시나요? 이 셋으로는 부족하고 또 다른 대안의 인간 이해가 필요하신가요?

9장 견백 논쟁: 고대 중국에서 펼쳐진 치열한 사유의 격돌

첫걸음

사회심리학자 리처드 니스벳은 동서양 문화의 차이점 중 하나로 논쟁 문화의 활성화 여부를 지적했습니다. 고대 그리스에서는 개인의 자율성을 중시해 논쟁 문화가 활발히 꽃피웠지만, 고대 중국에서는 집단의 화목과 조화로운 인간관계를 중시하여 논쟁이 활성화되지 못했다는 것입니다. 이 주장은 대체로 사실에 가깝지만, 고대 중국 학술계에도 격렬한 논쟁을 이끈 철학자와 학파가 있었습니다. 바로 공손룡(公孫龍, 기원전 325~250)과 후기 묵가(後期墨家: the later Mohists)입니다.[1)]

공손룡과 후기 묵가는 특히 세 가지 철학적 주제를 두고 활발히 논쟁을 벌였습니다. 첫째, 명실(名實) 논쟁으로, 개념과 그 개념이 지시하는 대상 사이의 관계를 둘러싼 논쟁입니다. 둘째, 동이(同異) 논쟁, 즉 같음과 다름을 어떻게 분류할 것인가에 관한 문제입니다. 마지막으로 견백(堅白) 논쟁, 사물과 인식의 관계를 다루는 논쟁입니다. 이제부터 본격적으로 견백 논쟁을 다루겠지만, 먼저 공손룡과 후기 묵가가 누구인지 소개하겠습니다.

공손룡과 백마비마: 상식을 넘은 논리와 혁신의 철학자

공손룡은 전국시대 중후반기에 활동한 사상가로, 오늘날에는 그리 유명하지 않지만 당시에는 큰 반향을 일으킨 인물입니다. 공손룡 스스로 인정하듯이, 그가 '백마비마(白馬非馬)'라는 논리적 명제를 주장하였기 때문입니다.[2] 백마비마는 직역하면 '흰말은 말이 아니다'라는 뜻인데, 그는 이를 입증하기 위해 네 가지 논증을 제시했습니다. 여기서는 그 중 '행위 관련 논증'과 '개념 관련 논증' 두 가지만 간략히 살펴보겠습니다.

첫 번째, 행위 관련 논증은 '찾아오다'라는 구체적 행동을 할 때 '흰말'과 '말'이 빚어내는 결과가 다르다는 점에서 성립합니다. 예를 들어, 누군가에게 '말'을 찾아오라고 하면 누런 말이나 검은 말 모두 가져올 수 있지만, '흰말'을 찾아오라고 하면 흰말만 가져올 수 있습니다. 이처럼 가져올 수 있는 말의 종류에 차이가 생기기 때문에, '흰말은 말이 아니다'라는 명제가 성립한다는 것이 공손룡의 논리입니다.[3]

두 번째, 개념 관련 논증인데 이는 '개념의 분리'와 관련하여 '흰말'과 '말'의 다름을 주장합니다. 백마비마에 반대하는 사람들은 상식적으로 '흰말이 있으면 말이 있는 것이다'라고 생각하지만, 이는 공손룡이 보기에 흰말에서 흼을 떼어놓고 말한 것에 불과합니다. 즉, '흼'을 분리하지 않고는 '흰말'이 있다고 해서 곧 '말'이 있다고 할 수 없다고 주장합니다. 이 점에서 공손룡은 '백마비마'가 성립한다고 보았습니다.[4]

공손룡의 행적에서 가장 중요한 점은 그가 대부분의 세월을 조(趙)나라 실권자 평원군(平原君) 조승(趙勝)의 식객으로 지냈다는 사실입니다. 조승은 조나라의 개혁을 이끄는 선봉장이었고, 그 성공으로 인해 명망과 권세를 얻었습니다. 조승은 자신의 권위를 유지하기 위해 상식을 넘어서는 발상을 제시하는 인물, 즉 공손룡과 같은 식객이 필요했습니다. 행정가로서 조승은 상식에 근거해 일을 처리해야 했지만, 개혁가로서 상식을 타파할 필요가 있을 때는 공손룡의 새로운 시각이 도움이 되었던 것입니다.

그래서 조승은 자신에게 새로운 시각과 목소리를 제공하는 공손룡을 후대하였지만, 결국에는 그 이유로 공손룡을 내쳤습니다. 추연(鄒衍)이라는 새로운 혁신적인 사상가가 등장했기 때문입니다. 아쉽게도 추연의 저서는 오늘날 전해지지 않기 때문에 그의 학설이 무엇인지 구체적으로 알 수는 없습니다만, 이토록 창의적인 공손룡의 발상을 대체한 인물이니 아마 굉장히 비상했던 인물로 추측됩니다.[5)]

묵자와 후기 묵가:
혁명적 사상과 과학적 세계관

춘추시대 말엽에 묵자(墨子, 기원전 468?~376?)라는 인물이 등장하고 그를 추종하는 사람들이 생겨나면서 묵가(墨家)라는 학파가 태동합니다. 그러나 창시자인 묵자가 죽은 후 그의 후학들이 여러 갈래로 분열하게 되었습니다.[6)] 이렇게 분열된 묵자 후학들을 오늘날에 와서 후기 묵가라 부릅니다. 후기 묵가를 분류하는 기준은 여럿이지만 가장 쉽게 이해할 수 있는 방식은 '과학적 묵학도(墨學徒)'와 '종교적 묵학도'로 분류하는 방식입니다.[7)]

묵자 후학들이 분열된 이유를 다루기 전에, 당시 묵자의 영향력부터 먼저 언급하겠습니다. 묵자는 공자에 뒤지지 않는 영향력을 지녔던 것으로 보입니다. 맹자는 하늘 아래에 공자의 사상보다 묵자의 사상이 넘친다고 탄식하였고,[8)] 한비는 선진시대 막바지까지 세상에서 유가(儒家)에 맞먹을 만큼 유명한 학파는 오직 묵가뿐이라고 적시하였습니다.[9)] 이를 통해 묵자는 살아서 활동할 때뿐만 아니라, 사후에 중국이 진나라에 의해 통일되는 기원전 221년 직전까지도 공자에게 못지않은 영향력을 발휘하였음을 알 수 있습니다.

묵자 영향력의 원천은 그가 주창한 10가지 학설에서 비롯되었습니다. 차별 없이 사랑을 베풀 것을 요구하는 겸애, 전쟁 반대인 '비공(非攻)', 운명이 정해져 있지 않다는 '비명(非命)', 현인 천거와 관련 있는 '상현(尙賢)'과 '상동(尙同)', 천에 의해 천자가 선택된다는 '천지(天志)', 귀신이 있다는 '명귀(明鬼)', 절약과 관련된 '절용(節用)'과 '절장(節葬)' 그리고 '비악(非樂)'이 있습니다. 이 중 겸애는 묵자의 사상을 대표하며, 묵자 철학의 중심에 자리 잡고 있습니다.

겸애사상은 오늘날의 기준에서도 혁명적 발상입니다. 현대의 민주주의 국가에서도 눈에 보이지 않는 계급이 여전히 존재하는 현실을 감안하면, 계급이 노골적으로 인정되던 춘추시대 말엽에 묵자가 차별 없는 사랑을 주장한 것은 매우 급진적이었습니다. 당시에는 사람들 사이에 상하 계급 질서가 명백히 인정되던 시기였지만, 묵자는 사람을 차별 없이 평등하게 사랑하자고 외쳤습니다. 이를 통해 계급 타파를 목표로 하는 깃발을 들었다고 볼 수 있습니다. 묵자의 선언, "사람은 나이가 많거나 적거나, 계급이 높거나 낮거나 상관없이 모두 천(天)의 신하"[10]라는 말은 계급에 따른 차별을 부정하고 평등을 주창한 중요한 선언입니다. 이러한 사상은 특히 하층 계급 사람들에게 큰 지지를 받았고, 묵자와 묵가가 한동안 맹목적인 신봉과 귀의처로 여겨지며 문도 수가 급격히 증가하는 결과를 낳았습니다. 이를 뒷받침하는 예로, 진나라 다음 서한(西漢, 기원전 202~기원후 8년) 시대 저작인 『회남자(淮南子)』에는 불 속에 뛰어들고 칼날을 밟아 죽는 한이 있어도 물러서지 않는 묵자 신도 180명에 대한 기록이 있습니다. 이를 통해 묵자 사상으로 무장된 묵가 집단이 얼마나 강한 신념과 헌신으로 뭉쳤는지를 알 수 있습니다.

묵자의 사상과 『묵자』는 청나라(1636~1912) 시대, 특히 19세기 중후반 고증학자들이 주목하기 시작할 때까지 거의 2천 년 동안 대중의 관심에서 사라졌습니다. 그 이유는 명확히 밝혀지지 않았지만, 두 가지 이유를 추측해 볼 수 있습니다.

첫 번째는 묵가 집단에 대한 권력자들의 두려움입니다. 묵자가 주장한 계급 타파는 당시 사회 질서에 큰 위협이 될 수 있었고, 그 파괴력을 감지한 권력자들에게 묵가 집단은 두려운 존재였을 것입니다. 이러한 이유로, 권력자들은 묵가가 자유롭게 활동하는 것을 허용하지 않았을 가능성이 큽니다. 진시황의 통일 제국 이후 묵가 집단의 자취가 거의 사라졌다는 사실은, 권력자들에게 묵자 사상이 상당히 위협적으로 느껴졌던 것으로 해석할 수 있습니다.

두 번째는 묵가 집단의 분열입니다. 묵자가 사망한 후, 채 두세 세대가 지나지 않아 이 강력한 결속력을 지니던 집단이 분열되기 시작한 것으로 보입니다. 아직 그 정확한 원인을 밝혀낸 연구는 없지만, 20세기 중국의 현대 철학자로서 베이징대학교 총장을 역임한 호적(胡適)의 견해가 설득력을 얻고 있습니다.

호적은 묵자 사후, 묵자의 10가지 학설 가운데 '명귀(明鬼)'와 '천지(天志)'를 중시한 종교적 묵학도 그룹과 이 학설들을 폐기해야 한다고 주장한 과학적 묵학도 그룹 사이에 강력한 사상 투쟁이 벌어졌을 것으로 추정했습니다. 이후 과학적 묵학도 그룹은 『묵자』의 나머지 편들과는 형식과 주제, 내용에서 현저히 다른 여섯 편(「경상(經上)」, 「경하(經下)」, 「경설상(經說上)」, 「경설하(經說下)」, 「소취(小取)」, 「대취(大取)」)을 작성하여 세상에 공개했습니다. 이는 과학적 묵학도가 종교적 묵학도의 세계관과 결별을 선언한 것과 같습니다. 이제 두 그룹은 더는 한 학파로 불릴 수 없게 되었습니다. 두 그룹이 각기 지닌 세계관은 상호 모순되어 공존할 수 없었기 때문입니다.[11]

지금부터 등장하는 후기 묵가는 앞서 언급한 여섯 편을 작성한 것으로 추정되는 과학적 묵학도만으로 한정됩니다. 공손룡의 철학적 주장들에 대한 묵가 집단의 반박은 오직 이 여섯 편에서만 발견되기 때문입니다. 이를 통해 우리는 공손룡의 철학적 주장에 대한 호적수가 바로 과학적 묵학도였음을 충분히 유추할 수 있습니다. 과학적 묵학도들이, 공손룡의 궤변과도 같은 주장의 논리성에 대해 얼마나 격렬한 논쟁을 벌였을지 상상해 보시기 바랍니다. 앞으로 다룰 과학적 묵학도의 관점이 세상을 객관적으로 바라보는 것에 중점을 두고 있음을 염두에 두고 논의를 따라가면 후기 묵가와 공손룡 사이의 논쟁을 더 깊이 이해할 수 있습니다.

견백석을 둘러싼 철학적 논쟁: 사물과 인식의 경계를 넘다

견백 논쟁은 논쟁의 소재가 되는 견백석(堅白石: 단단하고 흰 돌)에서 유래된 이름입니다. 공손룡과 후기 묵가는 견백석을 통해 사물과 인식의 문제를 두고 치열한 논쟁을 벌였습니다.[12] 이 논쟁에서는 세 가지 논점이 드러납니다. 처음에는 견백석의 성질을 사람의 감각으로 환원할 수 있는지를 두고 충돌이 일어납니다. 다음에는, 견백석에 단단함과 흰색이 동시에 존재하는지를 두고 격론이 벌어집니다. 마지막에는, 견백석이 그 자체로 존재하는지 아니면 사람에 의해 구성된 것인지에 대한 논쟁이 이어집니다. 지금부터 이 세 단계에 대해 자세히 살펴보겠습니다.

논쟁 1단계: 견백석은 셋인가 둘인가?

견백 논쟁은 공손룡의 주장에서 촉발되었습니다. 그는 사람들이 견백석이라고 부르는 사물의 구성 요소가 단단함, 흼, 돌 해서 셋이 아니라, '단단함과 돌'이거나 '흼과 돌'이거나 해서, 두 가지뿐이라고 주장했기 때문입니다. 『공손룡자(公孫龍子)』[13] 가운데 「견백론(堅白論)」[14]에 실려 있는 그의 주장을 함께 보시죠.

> 논객[客]이 말하였다. "단단하고 흰 돌 즉 견백석(堅白石)에, 단단함과 흼 그리고 돌 이 세 가지가 있다고 하면 괜찮겠습니까?"
>
> 방장[主]이 말하였다. "안 됩니다."
>
> 논객이 말하였다. "두 개가 있다고 하면 괜찮겠습니까?"
>
> 방장이 말하였다. "좋습니다."
>
> 논객이 말하였다. "어째서 그렇습니까?"
>
> 방장이 말하였다. "(볼 때는) 단단함은 보지 못하고 흼만을 볼 수 있으니 드러난 것은 둘입니다. (만졌을 때는) 흼은 없고 단단함만을 얻으니 드러난 것은 둘이라서 그렇습니다."[15]

논객의 질문에 답하는 방장의 입을 빌려, 공손룡은 사람들이 견백석(堅白石)이라 부르는 사물에서 인간이 인식(감각)할 수 있는 성질은 셋이 아닌 둘임을 입증하려 합니다. 이를 위해 그는 시각과 촉각처럼 서로 다른 감각기관을 통해 얻은 감각을 분석합니다. 공손룡은 사람이 시각을 통해 견백석에서 얻는 감각에는 흰색과 돌만 포함되며, 단단함은 제외된다는 점에 주목합니다. 마찬가지로, 촉각을 통해 얻는 감각에는 흰색이 빠져 있습니다. 시각과 촉각 중 어느 감각을 사용하든, 사람이 견백석에서 형성한 감각에는 두 가지 성질만이 담겨 있습니다. 이 점에서 그는 견백석은 셋이 아니라 둘이라고 주장한 것입니다.[16]

이런 주장에서 공손룡의 관점이 자연스럽게 드러납니다. 만약 그가 견백석의 성질이 견백석 자체에 의해 결정된다고 생각했다면, 그는 이런 주장을 펼치지 않았을 것입니다. 보았듯이, 공손룡은 '사물이 어떤 성질로 이루어져 있는가'라는 문제를 사물 자체가 아닌 그것에 대해 사람이 얻은 감각으로 환원하여 풀어내는 방식을 채택하였습니다. 결국, 공손룡에게 사물이 무엇인가는 그것에 대해 인간이 형성한 인식이 무엇인가에 따라 결정되는 문제가 되었습니다.

후기 묵가는 공손룡의 "견백석은 둘"이라는 주장을 반박하기 전에, 먼저 감각기관을 통해 사물을 인식하는 데 따른 한계를 지적합니다. 이는 『묵자(墨子)』의 구절, "하나의 돌에서 그것의 단단함과 흼이라는 두 성질은 알려질 수도 있고, 알려지지 않을 수도 있다."[17]라는 말에서 드러납니다. 후기 묵가는 공손룡과 마찬가지로, 견백석에 대해 눈으로는 돌과 흼만을 인식하고 단단함을 인식할 수 없으며, 손으로는 단단함과 돌만을 인식하고 흼을 인식할 수 없다는 점을 인정합니다. 이는 각각의 감각기관이 고유한 한계를 지니고 있기에, 하나의 감각기관만으로는 견백석의 성질을 총체적으로 인식할 수 없다는 사실을 지적한 것입니다. 후기 묵가는 이러한 인식의 한계를 극복하기 위해, 각 감각기관이 지닌 한계를 서로 보완해야 한다고 제안합니다.

"견백석의 단단함과 흼을 지시하는 것에 대해 생각해 보건대, 한 사람은 단단함을 지시하고 한 사람은 흼을 지시한다면, 단단함도 도망갈 수 없고 흼도 도망갈 수 없다. 그 이유는 두 사람이 동시에 인식에 참여하기 때문이다."[18]

한 사람이 하나의 감각기관으로 동시에 보고 만질 수 없음을 인정한 후기 묵가는, 두 사람이 동시에 눈과 손을 통해 견백석을 인식한 후, 각각의 감각을 종합하는 방식을 제시합니다. 두 사람이 동시에 서로 다른 감각기관을 사용해 견백석을 인식하고 각기 얻은 감각을 합치면, 단단함과 흼이 동시에 존재한다는 사실을 알 수 있지 않냐는 제안입니다. 이런 과정에서 견백석이 세 가지 성질(돌, 단단함, 흼)로 이루어져 있음을 확인할 수 있기에, 공손룡의 "견백석은 둘"이라는 주장은 성립할 수 없다는 것입니다.

후기 묵가의 비판에 대한 공손룡의 재반박을 『공손룡자(公孫龍子)』에서 직접적으로 찾을 수는 없지만, 공손룡의 관점에서 추정해 보면 그가 어떻게 대응했을지 보입니다. 그는 아마 손으로 인식한 사람에게는 '단단한 돌', 눈으로 인식한 사람에게는 '흰 돌'로 인식될 뿐이라고 답했을 가능성이 큽니다. 공손룡은 한 사람이 다른 감각기관에서 얻은 감각을 종합하는 것조차 인정하지 않았습니다. 이런 그가 각기 다른 두 사람이 얻은 감각을 종합하는 것을 인정할 가능성은 더더욱 낮을 것입니다.

후기 묵가의 본격적인 비판은 사람의 인식 성립에 대한 공손룡의 이해 부족에 초점이 맞춰집니다. 후기 묵가는 인식이 두 단계를 거쳐야 완성된다고 봅니다. 첫 번째는 감각기관이 외부 사물과 접촉해 감각을 얻는 단계이고, 두 번째는 그 감각에 마음의 분별과 종합이 가해져 오성 인식에 도달하는 단계입니다. 후기 묵가 관점에서 볼 때, 공손룡의 주장은 사유를 통한 감각의 종합이나 심화 과정을 생략하고 오직 감각에만 의존한 결과입니다. 모든 인식 과정을 거치면 "견백석은 셋이 아니고 둘"이라는 공손룡의 주장은 성립할 수 없다는 것이 후기 묵가의 입장입니다.

견백 논쟁의 첫 번째 단계에서, 공손룡과 후기 묵가는 견백석이 어떤 성질로 이루어져 있는가가 그것에 대한 사람의 감각으로 결정되는지를 두고 충돌했습니다. 공손룡은 감각에 따라 결정된다고 보기에 견백석은 둘이라는 결론에 도달했습니다. 그에 비해, 후기 묵가는 이는 감각으로 결정할 문제도 아닐뿐더러, 우선 다른 감각기관을 통해 얻은 감각들을 종합부터 하라고 공손룡에게 핀잔을 주고 있습니다.

논쟁 2단계:
견백석의 단단함과 흼은 분리되어 있는가, 아닌가?

2단계에서, 공손룡이 부각한 쟁점은 어떤 사물에 대해 사람이 얻은 인식(감각)이 그 사물을 이루는 구성 성질들의 존재 여부를 결정하는가입니다. 구체적으로 말해, 견백석에 대해 사람이 얻은 감각이 '단단한 돌'이거나 '흰 돌'일 뿐이라면, 견백석에 '단단함'과 '흼'이 함께 존재한다는 것을 무슨 수로 보증하느냐는 것입니다. 인식이 존재의 양상을 규정한다는 것을 보여주기 위해 공손룡이 설정한 대화가 다음입니다.

논객이 말하였다. "(보아서는) 그 가운데 흼을 얻으니 흼이 없다고 할 수 없고, (더듬어서는) 그 가운데 단단함을 얻으니 단단함이 없다고 할 수 없습니다. 이 돌은 이처럼 희고 또 단단한 것이 있으니 셋이 아니겠습니까?"

방장이 말하였다. "보아서는 그 가운데 단단함은 얻지 못하고 흼은 얻으니 단단함은 없는 것입니다. 만져서는 그 가운데 흼은 얻지 못하고 단단함을 얻으니 흼은 없는 것입니다."[19)]

공손룡에게 어떤 사물이 무슨 성질들로 구성되어 있는가는, 그 사물이 무슨 성질들로 구성되어 있느냐의 문제가 아닙니다. 사람이 그 사물을 무엇으로서 인식하였느냐의 문제일 뿐입니다. 이를테면, 공손룡의 관점에서는 사람이 어떤 사물에 대해 '흰 돌'임만을 인식(감각)한다면, 그 경우 '단단함'은 그 사물에 존재하는 것이 아닙니다. 마찬가지로, 촉각을 통해 '단단한 돌'임만을 인식한다면, 그 경우 그 사물에 '흼'은 존재하지 않습니다. 그러니까 어떤 사람에게 그것이 '단단하면서 흰 돌'로 감각(인식)되지 않고 오직 '단단한 돌' 혹은 '흰 돌'로만 감각된다면, 그것은 이제 '단단하면서 흰 돌'이 아닌 '단단한 돌' 혹은 '흰 돌'일 뿐입니다. 결국 그에게 어떤 사물이 무슨 성질들로 구성되어 있는가는 사람이 그 사물을 어떤 성질들의 구성으로 인식하였느냐의 문제일 뿐입니다. 달리 말해, 그 사물이 어떤 성질들로 구성되어 있느냐의 문제가 아니라는 것입니다.

공손룡은 사람들이 견백석이라 부르는 사물에서 눈으로는 '흰 돌'

임만을 인식하기에 단단함은 존재하지 않는다고 말합니다. 손으로 만질 때는 흼의 존재를 확인할 길이 없다고도 합니다. 그렇다면, 역으로, 눈으로 볼 때의 '단단함'과 손으로 만질 때의 '흼'은 어찌 되었느냐는 물음이 가능합니다. 이에 관한 공손룡의 답변이 다음 인용문입니다.

> "그 흰색을 보고 그 단단함을 만지게 되니 나타나는 것과 나타나지 않는 것이 있게 됩니다. 이러한 것을 '분리'라 합니다. … 그러므로 만져서 알 수 있는 것이 있고 만져서 알 수 없는 것이 있으며, 보아서 드러나는 것이 있고 보아도 드러나지 않는 것이 있습니다. 그러므로 만져서 알 수 있는 것과 만져서 알 수 없는 것은 서로 분리되어 존재합니다."[20]

공손룡은 이 대목에서 '분리'라는 개념을 도입합니다. 이 도입은 사람이 어떤 사물을 무엇으로 인식할 때 인식된 성질과 인식되지 않은 성질을 구분하기 위해서입니다. 예를 들어, 사람이 어떤 사물을 '흰 돌'이라 인식한다면, 이때 '흼'은 인식된 성질이고 '단단함'은 인식되지 않은 성질입니다. 같은 원리로, 사람이 어떤 사물을 '단단한 돌'로 인식하면, '단단함'은 인식된 그리고 '흼'은 인식되지 않은 성질입니다. 이처럼 사람들에 의해 견백석이라 불리는 사물이라고 할지라도, 그 사물에서 '단단함'과 '흼'이 동시에 인식되지 않는다면, 그 사물에서 '단단함'과 '흼'이 분리되어 있다고 할 수 있습니다. 그래서 공손룡은 사람들이 견백석이라 부르는 사물에서 '단단함'과 '흼'이 분리되어 있다고 주장한 것입니다.

후기 묵가는 공손룡의 주장에 대해 '분리'라는 개념을 잘못 사용한 결과라고 비판합니다. 후기 묵가는 "다른 곳에 처하여 서로 함께하지 못하는 것들" 사이에서만 '분리'가 성립한다고 공손룡의 개념 사용의 오류를 지적합니다. 이를테면, 흰 벽지의 '흰색'과 단단한 철판의 '단단함'처럼, 한 사물의 고유한 성질이 아니라, 서로 다른 사물들의 성질일 경우에만 분리가 성립한다는 것입니다.

후기 묵가는 공손룡이 '분리'라는 개념을 잘못 사용함으로써, 존재하는 것을 존재하지 않는 것으로 만들어 버렸다고 비판합니다. 후기 묵가의 관점에서 공손룡은 서로 다른 사물의 성질이 아닌, 견백석이라는 하나의 사물을 이루는 단단함과 흰색을 억지로 분리한 것입니다. 그래서 후기 묵가는 "한 사물을 이루는 성질들은 서로 포함한다. 만약 그 성질들이 서로 포함하지 않는다면, 그 사물은 존재할 수 없다."라고 말합니다. 어떤 사물이 존재하는 한 그 성질들은 분리될 수 없는데, 공손룡은 이를 억지로 분리하여 존재하는 것을 존재하지 않는 것으로 변질시켰다고 비판한 것입니다.

후기 묵가가 공손룡의 주장을 비판한 핵심은, 공손룡이 존재의 문제를 인식의 문제로 교묘하게 전환했다는 점에 있습니다. 후기 묵가는 견백석이 어떤 성질들의 결합으로 이루어져 있는가는 사람이 좌우하는 영역이 아니라고 봅니다. 그 사물이 어떤 성질들로 구성되어 있는가는 사람의 인식과는 무관하게, 그 사물 자체가 어떤 성질들의 결합으로 존재하는지에 따라 결정된다는 것입니다. 그러니까 사람이 시각과 촉각을 따로 사용해 견백석에서 단단함과 흼이 분리된 감각을 형성할지라도, 그 분리된 감각이 견백석 자체에서 단단함과 흼의 분리를 보장하지 못한다는 것입니다. 견백석은 사람이 그것을 무엇으로서 인식하든 상관없이 그것이 견백석인 한, 돌과 단단함 그리고 흼이 서로 결합한 상태로 하나를 이뤄 존재한다는 것이 후기 묵가의 주장입니다.

논쟁 3단계:
사물은 그 자체로 존재하는가, 해석된 것인가?

견백 논쟁의 마지막인 3단계에서, 후기 묵가는 사람의 인식과 무관하게 존재하는 외부 사물 자체의 존재 방식을 밝히는 데에 주안점을 둡니다. 반면, 공손룡은 사물이 무엇으로서 존재하는가는 그것에 대한 사람의 해석에 따라 결정됨을 보이는 데에 주력합니다. 3단계에서는 후기 묵가의 논의를 먼저 따라가 보겠습니다.

후기 묵가가 제시한 사물의 존재 방식

후기 묵가가 공손룡의 주장을 비판하기 위해 제시한 최종적인 근거는 바로 "사물 자체의 존재 방식"입니다. 사물 자체의 존재 방식이란, 사람이나 그 인식과는 무관하게 사물이 어떻게 존재하는지를 의미합니다. 후기 묵가는 이를 통해 사물이 사람의 감각이나 해석에 의존하지 않고 그 자체로 존재함을 강조하고 있습니다. 다음의 인용문을 통해 후기 묵가가 사물의 존재 방식을 어떻게 이해했는지를 유추할 수 있습니다.[21]

"경(經): 하나의 돌에서 (그것의 서로 다른 속성인 단단함과 흼은) 알려질 수도 있고 알려지지 않을 수도 있다. (단단함이 알려질 때 흼이 알려지지 않기도 하고, 흼이 알려질 때 단단함이 알려지지 않기도 하지만, 단단함과 흼은 모두 돌의 서로 다른 속성이다) 그 이유는 단단함과 흼이 모두 돌에 존재하고 있기 때문이다.

설(說): 돌은 '하나'이고, 단단함과 흼은 '둘'이지만 모두 돌에 있다. 그러므로 알려지는 것이 있고, 알려지지 않은 것이 있다고 할지라도 괜찮다."[22]

후기 묵가는 견백석이 '하나'인 돌과 '둘'인 단단함과 흼으로 존재한다고 봅니다. 이때 '둘'인 단단함과 흼이 '하나'인 돌에 존재한다는 것은, 돌이 단단함과 흼이라는 두 가지 성질을 담고 있다는 의미입니다. 여기서 '하나와 둘'이 이런 관계를 형성하기에 우리는 이를 '실체와 속성의 관계'로 치환할 수 있습니다. 실체는 하나의 사물을 이루는 모든 요소 가운데 다른 요소에 담기지 않으면서 그 다른 요소들을 다 담는 역할을 하는 요소입니다. 이에 비해, 속성은 실체에 담기는 요소를 의미합니다. 그러므로 견백석에서 돌은 실체에, 단단함과 흰색은 속성에 해당합니다. 따라서 후기 묵가는 견백석이 돌이라는 실체에 단단함과 흰색 같은 속성들이 담겨 있는 방식으로 존재한다고 주장한 것입니다.

후기 묵가는 속성을 더욱 세분화하여 고유한 속성과 조건적 속성으로 나눠서 봅니다. 예를 들어, 산에 '크고 흰색 빛을 띠는 돌'이 있다고 가정해 봅시다. 그런데 누군가 '크고 흰색 빛을 띠는 돌'로 건물을 짓기 위해 가져가기 쉽도록 작게 부쉈습니다. 작게 부서진 '크고 흰색 빛을 띠는 돌'은 여전히 흰색을 띠고 있습니다만 더는 크지 않을 수 있습니다. 이때, '희다'처럼 상황이 변해도 사물에 그대로 존재하는 속성을 고유한 속성이라 하고, '크다'처럼 상황에 따라 존재 여부가 달라질 수 있는 속성을 조건적 속성이라 합니다.

그러니까 어떤 상황에서든 그 사물에 담겨 있는 속성과 그렇지 못한 속성이 나눠진다는 점에 후기 묵가는 주목한 것입니다. 결국, 후기 묵가가 볼 때 (외부) 사물은 그것을 이루는 성질들 사이에 실체와 고유한 속성의 관계를 형성하면서 존재하고 있습니다. 달리 말해, 후기 묵가가 파악한 사람과 사물 간의 관계에서 사물은, 사람이나 인식과 무관하게, 심지어 사람이나 인식에 앞서 그것 자체로 존재합니다.

후기 묵가는 외부 사물이 인간이나 인식과는 무관하게 독립적으로 존재한다는 점을 강조함으로써, 고대 중국 사회에 새로운 세계관을 제시하려 했다고 볼 수 있습니다. 고대 중국 사회에 지배적이었던 종합적 세계관에 따르면, 세상은 모순으로 가득하고 모든 것이 서로 얽혀 있는 곳이었습니다. 사람들은 세상을 하나의 집체(集體)로 인식하며, 자신을 세계와 분리하지 않고 이해하고자 노력하였습니다. 집체적(종합적) 세계관을 가진 사람들에게는 인식 주체와 인식 대상을 구분하거나, 물리적 세계가 인간과 독립적으로 존재하는지, 그리고 그 세계가 인간의 인식에 앞서 실존하는지와 같은 문제는 크게 관심을 끌지 못했습니다. 후기 묵가는 고대 중국의 한쪽으로 치우쳐진 세계관에 경종을 울리며, 외부 세계가 인간과 무관하게 실존하고 인간이 관찰과 측정을 통해 그 세계에 다가갈 수 있다는 사실을 강조하고자 했습니다. 후기 묵가가 망원경, 안경, 현미경과 같은 광학 기기 개발에 기여한 것은 그들의 실증적 접근을 잘 보여주는 예입니다. 이 도구들을 통해 후기 묵가는 인간이 외부 세계를 더 명확하게 관찰하고 이해할 수 있음을 강조하며, 기존의 세계관에 도전했습니다.

공손룡이 제시한 사물의 구성 방식

공손룡은 사물이 후기 묵가가 수상하는 것처럼, 실체와 고유한 속성이 떼래야 뗄 수 없는 관계로 존재하는 것이 아니라는 점을 강조합니다. 그는 후기 묵가가 제시한 사물의 존재 방식이 지닌 허구성을 폭로하기 위해, 사물의 무엇임이 결정되는 메커니즘을 설명합니다. 이 메커니즘에 관한 논의는 앞에서 보여준 견백석이라 불리는 사물의 단단함과 흼의 분리에서 한발 더 나아가, '흰 돌'과 '단단한 돌'에서 분리를 이야기하는 것으로 시작합니다.

"어떤 특정한 사물에 한정되지 않은 '단단함은 돌과 함께해서 '단단함'이 된 것이 아니고 만물과 결합해서 '단단함'이 된 것도 아닙니다.

'단단함' 자체가 스스로 반드시 '단단함'입니다. … 어떤 특정한 사물에 한정되지 않은 '흼'이 만일 본디 독자적으로 '흼'이 되지 않는다면 어떻게 돌이나 만물을 희게 할 수 있겠습니까? … 어떤 특정한 사물에 한정되지 않은 '돌'이 만일 독자적으로 '돌'이 될 수 없었다면 어떻게 단단하면서 흰 돌을 이룰 수 있겠습니까? 그러므로 (어떤 것에 고정되어 있지 않은 '단단함', 어떤 것에 고정되어 있지 않은 '흼' 그리고 어떤 것에 고정되어 있지 않은 '돌'은 서로) 분리되어 있다고 한 것입니다."[23]

공손룡은 '단단한 돌'에서 단단함과 돌을, '흰 돌'에서 흼과 돌을 서로 분리합니다. '단단한 돌'이라 불리는 사물을 단단하게 한 '단단함'은, 그 돌과 결합해서 단단하게 된 것이 아니라고 합니다. 마찬가지로, '흰 돌'을 희게 한 '흼' 역시 돌과 결합해서 희게 된 것이 아니랍니다. 어떤 사물을 단단하게 한 '단단함'이나, 어떤 사물을 희게 한 '흼'은 모두 독자적으로 그러하다는 것입니다. 심지어 '단단하면서 흰 돌'을 돌이 되게 한 '돌'도 흼이나 단단함과 결합해서 돌이 된 것이 아니라 그 자체로 돌이라고 합니다.

공손룡이 이곳에서 새롭게 꺼내든 '특정한 사물에 한정되지 않은 돌', '특정한 사물에 한정되지 않은 단단함' 그리고 '특정한 사물에 한정되지 않은 흼'이라는 개념이 생소하게 느껴질 수 있습니다. 공손룡은 『공손룡자』의 다른 편인 「백마론」에서는 이 새로운 개념을 '부정자(不定者)'라 부릅니다.[24] 공손룡의 주장을 제대로 이해하려면 쉽게 납득이 안 되더라도 그의 철학에서 말하는 '부정자' 개념을 피해 갈 수는 없습니다.

부정자는 '특정한 사물에 속하지 않으면서 그 스스로 그러하되, 어떤 것을 그러하게 하는 것'입니다. 이를 세 부분으로 나누어서 의미를 하나씩 따져보겠습니다. 우선 '특정한 사물에 속하지 않는다'라는 말의 의미부터 보겠습니다. 우리가 일상에서 보는 노랑은 어딘가에 붙어 있습니다. 이를테면, 노란 벽지, 노란 책상, 노란 소 하는 식으로 말이죠. 그런데 부정자로서의 노랑은 그 어딘가에 붙어 있지 않습니다. 그래서 '특정한 사물에 속하지 않은' 것으로서의 '노랑'을 부정자라 힙니다. 이렇다면 부정자는 셀 수 없이 많아집니다. 빨강, 파랑, 초록, 삼각형, 원, 사각형, 단단함, 부드러움, 거침, 무거움, 가벼움, 뜨거움, 사람, 나무처럼 색깔, 모양, 물리적 속성, 질감 등 무수히 많은 부정자가 존재합니다.

다음으로, '그 스스로 그러하다'라는 것을 살펴보겠습니다. 이는 부정자의 존재 방식을 해명하는 대목으로, '그 스스로 그러하다'라는 말 자체는 부정자로서의 흼은 다른 것에 의해 희게 되는 것이 아니라 그 스스로 흼이 된 '흼'이라는 뜻입니다. 부정자인 흼은 개별적 사물들을 관찰하거나 추상화하여 얻은 결과가 아니라는 것입니다. 그러니까 부정자는 개별적 사물과 무관하게, 개별적 사물과 독립하여, 심지어 개별적 사물에 앞서 그 자체로서 존재가 성립한다는 의미입니다.

마지막으로, '어떤 사물을 그러하게 하는'은 구체적으로 무엇을 말하는 것일까요? 이에 답하기 위해서는 복잡하고 긴 논의가 필요합니다. 중복을 무릅쓰고서라도, 인용문 B로 곧바로 넘어가지 않고 인용문 A를 거쳐 가겠습니다. 논의를 선명하게 하는 데 도움이 될 것입니다.

> A : "(부정자인) 흼 자체는 말과 결합하여 희게 되는 것이 아닙니다. … 흰말에서의 흼은 이미 말과 결합한 흼입니다. 이처럼 말과 결합한 흼은 말과 결합하지 않은 (부정자인) 흼 자체와는 다릅니다."[25)]

여기서 공손룡은 흰말을 비유로 들어 설명하고 있습니다. 이 비유의 핵심은 공손룡이 부정자인 흼 자체와 무엇과 결합한 흼을 명확히 구분하고 있다는 것입니다. 부정자인 흼은 무엇과도 결합하지 않은 흼이고, 흰말에서의 흼은 이미 말과 결합한 흼입니다. 공손룡은 '아직 무엇과도 결합하지 않은 흼'과 '이미 결합한 흼'을 분명하게 구분하고 있습니다.

> B : "돌에 한정된 흼은 눈에 의하여 빛을 가지고 보지만 빛 그 자체로는 보지 못한다. 빛과 눈만으로 보는 것이 아니라 정신(精神)에 의해 보는 것이다. (눈과 빛이 없이) 정신 단독으로는 돌에 한정된 흼을 보는 것이 아니라, (눈과 빛이 없이) 정신 단독으로는 돌이나 단단함과 분리된 '흼'을 본다."[26)]

공손룡은 인용문 B에서도, 인용문 A에서처럼 '부정자인 흼'과 '말과 결합한 흼'을 구분합니다. 인용문 B에서의 구분은 사람이 '말과 결합한 흼'을 인식하는 데에는 "빛과 눈 그리고 정신'이 필요하지만,

'부정자인 흼'을 인식하는 데에는 '정신'만 필요하다는 점에 착안하여 이뤄졌습니다. 달리 말해, 인용문 B에서 양자 사이의 구분은 인식 성립 방식이 다르다는 데에 초점이 맞춰져 성립한다고 하겠습니다.

부정자인 흼은 개별적 사물과 독립하여, 심지어 개별적 사물에 앞서 존재한다고 하였으니, 시공간을 점유한 사물을 인식하는 것처럼 인식할 수는 없습니다. 그래서 부정자는 오직 정신으로만 인식된다는 말은 직관적으로 수긍할 만합니다.

이제 '눈에 의하여 빛을 가지고 보는 흼'에 대한 부분만 남았습니다. 이는 부정자에 대한 정의 가운데 아직 해명하지 못한 '어떤 사물을 그러하게 하는'을 이해하는 관건이기도 합니다. 당연한 얘기지만, '눈에 의하여 빛을 가지고 보는 흼'은 말과 결합된 흼을 인식하는 과정입니다. 처음에는 흰말을 보더라도 당연히 흼인지 모르고 그저 존재한다는 것만 알 뿐입니다. 존재하는 것과 사람의 눈이 만나더라도 인식이 백 퍼센트 성립한다고 자신할 수 없습니다. 어두우면, 눈이 있더라도 볼 수 없으니까 눈에 더해 빛이 있어야 합니다. 이것이 '눈에 의하여 빛을 가지고' 본다는 대목의 의미입니다.

이에 비해, '정신에 의해 보는 흼'은 앞서 눈과 빛을 통해 얻은 감각(이미지)을 해석하는 과정입니다. 우리는 눈에 의하여 빛을 가지고 보아서 감각을 형성했습니다. 처음 감각을 얻게 되면 그저 이미지에 불과합니다. 그 이미지가 내용을 갖추기 위해서는 이미지가 무엇인지를 특정해야만 합니다. 바로 이 과정이, 공손룡의 말로 하면 '정신에 의해 보는 것'입니다. 정신에 의해 이미지를 해석하는 과정에서 동원

되는 것이 부정자입니다. 우리가 무엇을 볼 때, '부정자로서의 흼'을 사용하여 그것을 해석하였기에 그것이 '흰 것'이 되고 '흰 책상'이 되고 '흰말'이 된다는 것입니다.

어떤 것이 무엇이냐가 우리의 정신이 어떤 부정자를 동원하여 그 어떤 것을 해석하느냐에 의해 결정된다는 공손룡의 주장을 설명하기 위해 이렇게 먼 길을 달려왔습니다. 이쯤에서 공손룡이 제시한 사물의 무엇임이 결정되는 메커니즘을 아예 새로운 예를 가지고 첫 단추부터 차례대로 다시 채워 보겠습니다.

어떤 무엇이 존재하고, 마침 민수가 그것의 존재를 확인한 사례를 상정해 보겠습니다. 눈과 빛을 통해 민수는 그것의 색을 감지하여 Z라는 감각 또는 이미지를 얻습니다. 민수의 정신이 색깔과 관련한 어떤 부정자를 동원하여 Z라는 감각 또는 이미지를 해석하기 전이라면, 민수에게 이 무엇은 존재할지언정 아직 특정한 어떤 색을 띤 존재는 아닙니다. 민수의 정신이 '부정자 노랑'을 동원하여 Z를 해석합니다. 이것은 이제 '노란 무엇'이 되었습니다. 민수가 다시 이 '노란 무엇'에 Y라는 감각을 형성한 다음, Y를 '부정자 책상'을 동원하여 해석합니다. 이제 '노란 무엇'은 '노란 책상'이 됩니다.

이처럼 부정자는 사물이 무엇인지를 결정하는 역할을 하는데, 이것이 바로 공손룡이 말한 '어떤 사물을 그러하게 하는'의 의미입니다. 공손룡에 따르면 정신이 부정자를 통해 어떤 존재를 해석하지 않으면 그 존재의 무엇임은 결정되지 않습니다. 따라서 저것이 '노란 책상'으로 존재하는 것은, 저것이 '노란 책상'이라서가 아니라, 저것에 대해 형성한 이미지 혹은 감각을 사람의 정신이 '노란 책상'으로 해석한 결과라는 것이 공손룡의 주장입니다.

이제 궤변처럼만 들리던 공손룡의 말이 조금은 다르게 들리지 않나요? 하지만 아직도 많은 독자분은 공손룡의 주장이 그저 근거 없이 머릿속에서 가정한 것에 불과하다고 느끼실 수도 있습니다. 그러나 공손룡의 주장은 현대의 뇌과학 연구에서도 찾아볼 수 있습니다. 현대 뇌과학에서는 "우리가 어떤 형태나 색상을 본다는 것은 단순히 눈으로 보는 것이 아니라, '눈을 통해 뇌로 보는 것'이다"라고 설명합니다. 사람이 눈을 통해 얻은 감각은 단순한 자료일 뿐, 그 감각이 저절로 의미를 갖는 것은 아니라고 합니다. 감각에 내용이 부여되려면 추론의 과정을 거쳐야 합니다. 현대 뇌과학자들은 뇌에 있는 가설모델을 감각에 투사하는 과정을 거쳐야만 제대로 된 추론이 가능하다고 봅니다. 가설모델이란 기존 경험을 통해 형성된 뇌 속의 규칙 같은 것으로, 생성된 방식이 달라서 그렇지 하는 역할은 공손룡 철학에서의 '부정자'와 거의 동일합니다. 지금으로부터 2500년 전에 세상에 나온 공손룡의 주장이 오늘날 과학적으로도 근거가 있는 철학적 통찰이라는 사실이 참으로 놀랍지 않나요?[27)]

마지막으로 사례 하나만 더 들고 이야기를 마무리하겠습니다. 2024년 미국 대선이 예정된 만큼, 도널드 트럼프(Donald John Trump, 1946~)에 관한 유권자들의 상반된 평가를 사례로 들어보겠습니다. 누군가는 도널드 트럼프를 훌륭한 리더십을 가진 대통령으로 보고, 또 다른 누군가는 그를 사기꾼 대통령으로 봅니다. 공손룡의 철학에 따르면, 트럼프 지지자는 트럼프를 '대통령'과 '훌륭함'이라는 부정자로 해석한 데 반해, 트럼프 반대자는 그 트럼프를 '대통령'과 '사기꾼'이라는 부정자로 해석한 결과입니다. 결국, 트럼프가 훌륭하거나 사기꾼인 것은 트럼프 자체의 속성이 아니라, 그를 해석한 주체가 어떤 부정자를 동원하여 그를 해석했느냐에 의해 결정된 일일 뿐입니다. 공손룡의 관점에서, 사람은 있는 그대로의 트럼프를 보는 것이 아니라, 자신이 해석한 트럼프를 보고 있는 셈입니다. 마찬가지로 후기 묵가가 주장한 사물의 존재 방식도, 공손룡에게는 후기 묵가가 해석한 사물의 방식일 뿐입니다. 결론적으로, 공손룡에게 사람은 모두 자신이 해석하여 구성한 세상에서 살아가고 있는 것입니다.

철학자들은 줄곧 객관 사물이 인간과 무관하게 존재하는가를 물어왔습니다. 과학자들처럼 후기 묵가에게는 객관 세계가 인간의 확인 여부와 관계없이 그 자체로 존재합니다. 반면, 공손룡과 같은 철학자들에게는 사물이 실제로 존재하든 존재하지 않든 인간이 그 존재를 확인하지 않았다면, 적어도 인간에게는 아직 존재하지 않는 것과 같습니다. 공손룡보다 더 극단적인 관점을 취하는 철학자들은, 인간이 형성한 감각이나 지각이 인간 밖 세계의 존재를 보증할 수 있느냐고 묻습니다. 즉 인간이 확인한 것은 인간 안에 형성된 감각이나 지각이지, 인간과 무관하게 존재하는 객관 세계 그 자체가 아니지 않으냐고 항변합니다.

인식에 대한 관점도 다릅니다. 과학자들과 비슷한 입장을 가진 후기 묵가는 인식이 완벽하지는 않더라도, 기본적으로 사람의 인식은 대상에 의해 결정된다고 생각합니다. 그래서 그 대상을 더 정확하게 반영하려고 노력했습니다. 후기 묵가가 망원경, 안경, 현미경을 개발하는 데 집중했던 것이 그 좋은 예입니다. 반면, 공손룡은 인식이나 감각이 대상을 그대로 반영하는 것이 아니라, 사람이 해석한 결과라고 생각합니다. 그렇다면 사람들 사이에 공통된 인식은 어떻게 설명할 것이냐는 질문이 가능합니다. 이에 대해 공손룡은 사람마다 대상에 덧씌운 해석 가운데 겹치는 부분이 있어 그렇게 보이는 것뿐이라고 대답합니다. 공손룡보다 더 극단적인 철학자들은 각자의 해석만 있을 뿐, 그 해석을 내리게 한 대상은 어디에서도 발견할 수 없다고 주장합니다.

인간 뇌의 비밀은 다양한 분야의 전문가들이 협력하여 하나둘씩 밝혀지고 있습니다. 여러분은 어떤 세계관과 인식론을 가지고 살아가고 계신가요? 2500년 전 격렬한 논쟁을 일으켰던 공손룡의 말장난 같은 명제가, 독자분들께 세상을 새롭게 바라보는 기회를 제공했기를 바라며 이 장을 마칩니다.

강의 노트

이 장에서는 2500년 전, 공손룡과 후기 묵가 사이의 견백 논쟁을 소환하여 재구성하였습니다. 이 논쟁을 통해 인식과 사물의 존재 방식에 대한 서로 양보할 수 없는 두 입장이 드러났습니다. 후기 묵가는 사물이 인간의 인식과 무관하게 독립적으로 존재한다고 주장했으며, 사물을 더 정확하게 인식하기 위해 망원경, 안경, 현미경 같은 도구를 개발하는 데 힘썼습니다. 이들에게 인간 인식의 사명은 존재하는 객관 세계를 충실히 반영하는 데에 있었습니다. 반면, 공손룡은 어떤 사물이 존재하는지 하지 않는지는 그것에 대한 인간의 인식 여부로 환원된다고 주장했습니다. 그는 나아가 그 사물이 무엇으로서 존재하는지는 그 사물이 무엇인지에 의해 결정되는 것이 아니라, 그 사물을 인간이 무엇으로서 해석하였느냐에 의해 결정된다고 보았습니다.

나오는 말

필자는 순천대학교 철학과 교수로 재직 중입니다. 교수의 근본적인 책무는 크게 두 가지로 나뉩니다. 하나는 연구이고, 다른 하나는 교육입니다. 다른 연구자들은 연구 주제나 영역을 정할 때 학계의 추세와 흐름을 고려하지만, 저는 그때그때 제가 꽂힌 주세와 문제를 파고듭니다. 그래서 저에게 연구는 개인적 성격이 매우 강합니다. 반면에, 교육은 제 개인적 영역의 일이 아닙니다. 학습자라는 상대가 엄연히 존재하기에, 그들의 특성과 상황을 고려해 무엇을 가르치고 어떻게 전달할지 신중하게 고민하지 않을 수 없습니다. 저에게 교육은 사회적 성격이 강한 책무입니다.

교육자로서, 저는 학생들을 대할 때 한 가지 원칙을 지키려고 합니다. '제 아들과 딸에게 할 수 있는 말과 내용으로만 강의하자'라는 것입니다. 즉, 제 자식에게 하지 않을 말이나 할 수 없는 내용을 학생들에게도 얘기하지 않겠다는 뜻입니다. 자식에겐 '너만 잘살면 그만이지,

사회나 국가 같은 것은 신경 쓰지 말라'고 말하면서, 학생들 앞에서는 '여러분은 훌륭한 사람이 되어야 합니다. 국가와 공동체를 위해 먼저 무엇을 할지 생각해야 합니다'라고 가르치지는 않는다는 의미입니다.

아비로서, 저는 두 가지를 강조합니다. 그중 하나가 '건실한 생활인이 되자'입니다. 간단히 말해, 대학 졸업 후-처음엔 대학 입학 후였는데 맘을 고쳐먹어야 했네요-에는 필요한 생활비를 자기 손으로 마련할 수 있는 자세와 역량을 갖추자는 것입니다. 물론 예외야 얼마든지 있지요. 형편과 사정이 그때그때 다르니까요. 하지만 기본 취지는 최소한의 자기 앞가림을 자기가 하자는 것입니다. 그래야 독자적 삶이 가능하니까요.

다른 하나는 '민폐를 줄이자'입니다. 누구나 완벽할 수 없기에, 살아가면서 다른 사람에게 불편을 주는 일을 완전히 피할 수는 없습니다. 하지만 최소한 그것을 줄이려는 노력은 필요합니다. 그렇다면 민폐를 줄이는 방법은 무엇일까요? 제 생각에 가장 현실적인 방법은, 다른 사람이 나에게 불편을 주었던 것을 떠올리며, 나는 그러한 행동을 안 하려고 애를 써보는 것이 아닐까 합니다. 물론 자기 자신을 기준으로 판단하기에 주관적인 오류에 빠지기도 하겠지만, 아무런 노력을 하지 않는 것보다는 훨씬 낫다고 생각합니다.

민폐를 줄이자고 강조한 것은 자식이 사회에서 공공의 적이 되지 않기를 바라는 아비의 마음에서 비롯되었습니다. 하지만 실제로는 더 큰 바람이 담겨 있습니다. 아들과 딸이 어느 순간이든 자신이 하는 말과 행동이 무엇인지 그리고 그것이 어떤 결과를 초래할지 예상하면서 자신의 처신을 결정하는 신중하고도 이지적인 사람이 되었으면 하는 바람이 그것입니다.

사실, 이 두 가지 외에도 하고 싶은 말이 하나 더 있긴 합니다. 그게 실천하기 어려운 제안이라 부담만 주게 될 수도 있고, 평소 제 모습을 생각하면 이걸 꺼내놔도 되나 싶기도 해서 그동안 말하지 못했습니다. 하지만 이 책을 마무리하는 지금이 어찌 보면 그 제안을 할 좋은 기회인 것 같습니다. 그것으로 마무리를 갈음하면 되니까요.

그것은 한마디로 '자기 바꾸기'입니다. 『장자(莊子)』 제일 앞에 실린 우화(寓話)를 함께 보면서 이야기를 시작하겠습니다.

"북해(北海)에 물고기가 있는데, 그 이름은 '곤(鯤)'이라 한다. 곤의 크기는 몇천 리나 되는지 모른다. 그것이 변하여 새가 되니, 그 이름은 '붕(鵬)'이다. 붕의 등은 몇천 리나 되는지 모른다. 솟구쳐 나를 때, 그의 날개가 마치 하늘을 덮은 구름과 같았다. 이 새는 바닷물이 출렁일 때 일어나는 바람을 타고, 남쪽 바다[南海]를 향해 날아가고자 한다. 그 남쪽 바다는 천연으로 이루어진 큰 호수이다. 제해(齊諧)라는 것은 괴이한 일을 기록한 책이다. 제해에서 말하기를, '붕새가 남쪽 바다로 날아가기 위해서는 파도가 3천 리나 치솟아야 하고, (그때 일어나는) 회오리바람을 타고 9만 리나 올라 찬 뒤, 6월에 이는 바람을 타고 남쪽으로 날아간다.'라고 하였다."

이 우화에 나오는 물고기 '곤(鯤)'에서 새 '붕(鵬)'으로의 변환은, '자기 바꾸기'가 얼마나 어려운지를 상징합니다. 현재의 과학 기술로도 물고기를 새로 변환시키는 것은 불가능합니다. 이렇게 어려운 일을 아비로서 저는 자식들에게 소망합니다. 인생에서 한 번쯤은 현재의 자기를 바꾸고 싶다는 마음을 먹고 이를 구체화하기 위해 모든 것을 걸고 싸워 보기를 바라는 것입니다.

자기를 바꾸겠다는 마음은 저절로 생기지 않습니다. 『장자』의 다른 부분에 '우물 안 개구리'라는 표현이 나오는데, 이를 가지고 이야기해 보겠습니다. 개구리 자신이 우물 안에 갇혀 있음을 모르거나 설령 안다고 하더라도 그것이 불편하지 않다면 개구리는 우물을 벗어나기 위해 발버둥 치지 않겠죠. 심지어 이런 자기를 스스로 정당화하며 그 상태에 머무르려고 노력할 것입니다. 사실, 이런 제안을 하는 저를 포함한 우리 대부분은 우물 안 개구리처럼 살아가고 있다고 해도 과언은 아닙니다.

따라서 우물에서 벗어나려면 다른 덕목들이 필요합니다. 현재 자신이 우물 안에 갇혀 있음을 인정할 용기와 그 상황에 답답함을 느낄 수 있는 감수성이 바로 그것입니다. 이 용기와 감수성을 발휘하지 못하면, 우물 안 개구리이면서 마치 우물 안 개구리가 아니라는 듯 살아가게 됩니다. 아비로서 제가 가장 염려하는 것은, 자식들이 '우물 안에 있음에도 그것을 모르고 살아가는 것'입니다.

우물에서 탈출하는 데에는 '우물 안에 있음을 알아차리고 인정하는' 용기와 감수성 말고도 다른 덕목이 더 필요합니다. 개구리가 우물 벽을 타고 올라와야 우물 밖으로의 탈출이 완성되니까요. 앞에서 인용한 붕새의 우화에서는 우물 벽을 타는 고된 일련의 과정이 3천 리나 치솟는 파도, 9만 리나 올라가는 회오리바람 그리고 6월에 이는 바람으로 비유됩니다. 붕새의 거대한 날개는 단순히 의지만으로 펴지지 않습니다. 날개를 펴기 위해서는 붕새의 의지에 더해 3천 리를 치솟는 파도가 밑에서 받쳐줘야 합니다. 그리고 날개를 펼쳤다고 해서 곧바로 날아오를 수 있는 것도 아닙니다. 붕새가 공중에 뜨려면 9만 리를 올라가는 회오리바람을 타야만 합니다. 이 모든 과정을 거쳐 떠올랐다 하더라도, 남쪽 바다로 날아가는 것은 또 다른 이야기입니다. 남쪽으로 가기 위해서는 붕새를 밀어줄 바람이 필요한데, 그 바람은 오직 6월에만 부는 바람입니다.

그러니까, 앞의 모든 조건이 충족되더라도 6월의 바람이 불지 않으면 올해는 남쪽 바다로 갈 수 없습니다. 그렇다면 내년을 기다려야 하고, 그때도 이 모든 과정을 처음부터 다시 반복해야 합니다. 그리고 운이 나쁘다면, 내년에도 이 과정을 완수하지 못할 수도 있습니다. 이런 우여곡절을 겪고도 여전히 남쪽 바다에 가고 싶다면, 다음 해에 이 과정을 처음부터 다시 다 거쳐야 합니다. 남쪽 바다에 가려면 아무리 운이 좋아도 최소 일 년의 시간이 필요하고, 운이 따르지 않으면 얼마나 기다려야 할지 모를 정도의 시간을 인고하며 기다려야 합니다. 남쪽 바다에 가고자 한다면 반드시 대가를 지불해야 합니다.

장자의 우화가 너무 오래된 이야기라 와닿지 않을까 싶어, 제가

지도하던 한 학생의 '자기 바꾸기' 과정을 예로 들어보겠습니다. 그 주인공은 자격증 시험에 도전하며 도서관 죽돌이가 된 민수입니다.

민수는 대학 3학년 때까지 도서관에 거의 가본 적이 없었습니다. 책을 빌리거나 공강 시간을 보내기 위해서라도 도서관에 발을 들인 적이 없었죠. 그런데 4학년이 되고, 5월 말쯤부터 민수는 도서관 죽돌이가 되었습니다. 그 변화의 과정은 이렇습니다.

첫 한 주일 동안, 민수는 하루에 8분씩 도서관에 있었답니다. 너무 어색해서 마치 오지 말아야 할 곳에 온 듯한 느낌을 받았다고 합니다. 그 뒤 일주일은 하루에 15분, 그다음엔 25분, 또 그다음엔 45분씩 도서관에 머물렀습니다. 마침내 1시간을 채우자, 단순히 머물기만 하는 것이 힘들어서 그때부터는 하루에 30분씩 뭐라도 읽어보자고 마음먹었답니다.

처음에는 책을 읽기만 하면 금세 졸음이 몰려왔습니다. 민수는 저에게 대책을 물었고, 저는 이렇게 조언했습니다. "졸릴 땐 소리 내서 읽어라. 하지만 도서관이니 너만 들을 수 있을 정도의 작은 소리로." 그렇게 노력한 끝에 민수는 졸업 전 자격증 시험에 합격하지는 못했지만, 졸업 후 마침내 합격증을 손에 쥐게 되었습니다. 민수가 도서관과 친숙하지 않던 자신을 바꿔 도서관 죽돌이가 되기까지, 즉 새로운 루틴을 형성하기까지는 이런 인고의 시간이 필요했습니다.

인생의 어느 고비에서, 현재의 자기를 객관적으로 바라보고 인정할 용기와 감수성을 발휘하기를. 그 통에 자기를 바꾸고 싶어졌다면,

뒤따르는 인고의 시간과 과정을 슬기롭고 무사히 버텨내기를. 물고기 곤이 새 붕으로 완전히 탈바꿈해 버리듯이 이전의 자기로 돌아갈 수 없는 새로운 자기를 빚어내기를. 더는 우물 안 개구리처럼 삶을 무지와 답답함으로 채우지 않기를. 활기와 즐거움이 충만한 하루하루를 살아가기를. 기원합니다.

【부록】

표1. 『주역』 8괘의 이름 및 상징물

부호(8괘)	이름	상징물	성질[괘덕(卦德)]
☰	건乾	하늘[天(천)]	강함[강(剛)], 강건하다(健),
☷	곤坤	땅[地(지)]	유순하다(順), 부드러움
☳	진震	우레[雷(뇌)]	움직인다(動)
☶	간艮	산(山)	멈춘다(止), 독실하다
☲	리離	불[火(화)], 태양	붙는다(麗)
☵	감坎	물[水(수)], 달	빠진다(陷)
☱	태兌	연못[澤(택)], 호수	즐겁다(說)
☴	손巽	바람[風(풍)]	들어간다(入)

표2. 『주역』 64괘 배열표

䷀	䷁	䷂	䷃	䷄	䷅	䷆	䷇
01. 중천건 (重天乾)	02. 중지곤 (重地坤)	03. 수뢰둔 (水雷屯)	04. 산수몽 (山水蒙)	05. 수천수 (水天需)	06. 천수송 (天水訟)	07. 수사 (地水師)	08. 수지비 (水地比)
䷈	䷉	䷊	䷋	䷌	䷍	䷎	䷏
09. 풍천소축 (風天小畜)	10. 천택리 (天澤履)	11. 지천태 (地天泰)	12. 천지비 (天地否)	13. 천화동인 (天火同人)	14. 화천대유 (火天大有)	15. 지산겸 (地山謙)	16. 뇌지예 (雷地豫)
䷐	䷑	䷒	䷓	䷔	䷕	䷖	䷗
17. 택뢰수 (澤雷隨)	18. 산풍고 (山風蠱)	19. 지택림 (地澤臨)	20. 풍지관 (風地觀)	21. 화뢰서합 (火雷噬嗑)	22. 산화비 (山火賁)	23. 산지박 (山地剝)	24. 지뢰복 (地雷復)
䷘	䷙	䷚	䷛	䷜	䷝	䷞	䷟
25. 천뢰무망 (天雷无妄)	26. 산천대축 (山天大畜)	27. 산뢰이 (山雷頤)	28. 택풍대과 (澤風大過)	29. 중수감 (重水坎)	30. 중화리 (重火離)	31. 택산함 (澤山咸)	32. 뇌풍항 (雷風恒)
䷠	䷡	䷢	䷣	䷤	䷥	䷦	䷧
33. 천산둔 (天山遯)	34. 뇌천대장 (雷天大壯)	35. 화지진 (火地晉)	36. 지화명이 (地火明夷)	37. 풍화가인 (風火家人)	38. 화택규 (火澤睽)	39. 수산건 (水山蹇)	40. 뇌수해 (雷水解)
䷨	䷩	䷪	䷫	䷬	䷭	䷮	䷯
41. 산택손 (山澤損)	42. 풍뢰익 (風雷益)	43. 택천쾌 (澤天夬)	44. 천풍구 (天風姤)	45. 택지췌 (澤地萃)	46. 지풍승 (地風升)	47. 택수곤 (澤水困)	48. 수풍정 (水風井)
䷰	䷱	䷲	䷳	䷴	䷵	䷶	䷷
49. 택화혁 (澤火革)	50. 화풍정 (火風鼎)	51. 중뢰진 (重雷震)	52. 중산간 (重山艮)	53. 풍산점 (風山漸)	54. 뇌택귀매 (雷澤歸妹)	55. 뇌화풍 (雷火風)	56. 화산려 (火山旅)
䷸	䷹	䷺	䷻	䷼	䷽	䷾	䷿
57. 중풍손 (重風巽)	58. 중택태 (重澤兌)	59. 풍수환 (風水渙)	60. 수택절 (水澤節)	61. 풍택중부 (風澤中孚)	62. 뇌산소과 (雷山小過)	63. 수화기제 (水火旣濟)	64. 화수미제 (火水未濟)

〈부록 표2〉를 보실 때 헷갈리실 수도 있어 세 가지만 언급하겠습니다. 하나는, 어디까지가 괘의 이름인가 하는 것입니다. 9번째 '풍천소축'을 예로 들겠습니다. '소축'만이 괘의 이름입니다. 이 괘는 위에는 8괘 가운데 손(巽:☴)이, 아래에는 건(乾:☰)이 놓여 있습니다. 손은 바람[풍(風)]을, 건은 하늘[천(天)]을 상징합니다. 그래서 바람과 하늘로 구성된 소축괘라는 의미에서 '풍천소축'이라 합니다. 괘명과 괘가 어떤 8괘로 구성되어 있는지를 오래도록 기억하기 위해 이렇게 부르게 되었던 것임을 알 수 있습니다. 그러니까 괘의 이름은 앞의 두 글자를 뺀 나머지 한 글자나 두 글자가 되는 것입니다. 다른 하나는, 01, 02, 29, 30, 51, 52, 57 그리고 58번째 괘에 쓰인 '중(重)' 자에 관한 것입니다. 이 '중'은 위와 아래의 8괘가 같다는 의미인, 우리말 '중복' 할 때의 '중'입니다. 마지막 하나는, 괘명에 대한 우리말 독음에 관한 것입니다. 12, 22 그리고 45번째 괘명으로서의 '否 · 賁 · 萃'는 우리말에서 일반적으로는 '부 · 분 · 췌'라 읽지만, 괘명일 때는 '비 · 비 · 취' 라고 읽습니다. 오해하실까 봐 붙였습니다.

미주

제1장 :

1) 최재천, 『숙론』, 김영사, 2024년, 7쪽.
2) 중도에 포기하지 않고 끝까지 간 생각이 모두 철학이 될 자격을 갖춘 것은 아닙니다. 사기꾼의 시나리오는 치밀하고 완벽한 논리를 가질 수 있지만, 그것은 개인의 불법적 이익만을 추구하기에 철학이 될 수 없습니다. 따라서 철학이 되는 생각은 중도에 포기하지 않아야 한다는 특성 외에 다른 요건들이 필요합니다. 여기서 소개하는 세 요건은 반드시 만족해야 합니다. 하나는, 보편적 적용 가능성입니다. 이를테면, 한 중학생이 학교에서 인기가 많은 것을 행복이라 생각할 수 있습니다. 그런데 학생 A는 몸이 아파 아예 학교에 못 오기도 합니다. 또 학생 B는 성격적으로 인기를 추구하지 않습니다. 인기 많은 것을 행복이라 여기는 생각은 A나 B 학생에게 적용할 수 없습니다. 이에 비해, 옳은 일을 하며 사는 것을 행복이라 생각할 수 있습니다. 이는 인기가 많든 적든, 부자든 가난하든, 공부를 잘하든 못하든 누구나 이렇게 살 수 있습니다. 이런 생각은 자기 혼자나 특정 집단만을 위한 것이 아니라 모두의 행복이 될 수 있다는 점에서 보편적 적용 가능성을 충족하였습니다. 다른 하나는, 생각이 논리적 일관되어야 합니다. 이를테면,

학급 담임 선생님은 학급에서의 정의란 모든 학생을 평등하게 대우하는 것이라 생각합니다. 그런데 담임 선생님은 철수가 공부를 잘하기에 철수를 화장실 청소 당번에서 면제해줘도 된다고 생각합니다. 영희는 부자이면서 예쁘다고 청소 당번을 면제해줍니다. 이처럼 납득되지 않는 이유로 생각이 중간에 이랬다저랬다 하면 그 생각은 철학이 되기에는 부적절합니다. 마지막 하나는, 철학적 반성입니다. 이때의 반성은 철수가 늦잠 자서 학교에 지각하여 쓰는 반성문과 다릅니다. 철학적 반성이란, 현재 자신이 지닌 개념으로 포섭할 수 없는 대상을 접하고 그 대상에 새로운 개념을 부여하기 위한 총체적 생각 활동을 말합니다. 거칠게 사례를 들어보겠습니다. 우리는 '인간은 이성적 존재'라는 개념을 가지고 있습니다. 그런데 우리는 갓 태어난 아기와 만나기도 하며, 이성을 잃고 날뛰는 사람을 보기도 합니다. 이런 사례들은 '인간은 이성적 존재'라는 개념으로는 포섭할 수 없고, 설명할 수 없기에, 우리는 '인간은 이성적 존재가 될 가능성을 지닌 존재'라는 새로운 개념을 만들어냅니다. 이처럼 새로운 개념을 만들어내는 총체적인 사유 과정이 철학적 반성입니다. 결국, 중도에 포기하지 않은 생각 가운데 어떤 것이 이상의 세 요건을 다 만족시킨다면 철학이 될 자격을 충분히 갖춘 것이라 하겠습니다.

제2장 :

1) 지금은 고인이 되신 이강수 선생님이 주나라 건국이념을 '천명미상(天命靡常)'이라 이름한 것은 『시경』「대아 · 문왕」에 근거한 것입니다. 이강수, 『중국 고대철학의 이해』, 지식산업사, 2015, 20쪽.
2) 천명을 받느냐 받지 못하느냐의 관건을 명덕보민으로 설정한 것은 『서경』「태서」에 근거한 것입니다. 이강수, 『중국 고대철학의 이해』, 지식산업사, 2015, 20~21쪽.
3) 『국어』「제어」 : "相地而衰征." 참고로, 차등의 뜻으로 쓰인 '衰'의 독음은 '최'이고, 부과의 뜻으로 쓰인 '征'의 독음은 '징'입니다.
4) 이강수, 『중국 고대철학의 이해』, 지식산업사, 2015, 291~293쪽.
5) 『논어』「선진」 : "未能事人, 焉能事鬼."

6) 『논어』「선진」: "未知生, 焉知死."
7) 『논어』「미자」: "鳥獸不可與同群, 吾非斯人之徒與, 而誰與."

제3장 :

1) 탁석산, 『자기만의 철학』, 창비, 2011, 29~30쪽.
2) 탁석산, 『자기만의 철학』, 창비, 2011, 33쪽.
3) 탁석산, 『자기만의 철학』, 창비, 2011, 56~62쪽.
4) 탁석산, 『자기만의 철학』, 창비, 2011, 41~47쪽.
5) 탁석산, 『자기만의 철학』, 창비, 2011, 63~64쪽.
6) 탁석산, 『자기만의 철학』, 창비, 2011, 90~98쪽.

제4장 :

1) 4장에서 다루는 내용과 발상은 기본적으로 『생각의 지도』(리처드 니스벳, 최인철 옮김, 김영사, 2004.)에 실린 리처드 니스벳(Richard E. Nisbett)의 연구 결과에 힘입은 바가 큽니다. 이 주제에 관심 있는 분들은 이 책의 일독을 권합니다.
2) 논객이 말하였다. "창과 방패를 파는 어떤 사람이 있었는데 방패의 견고함을 자랑하여 '어떤 물건도 뚫을 수 없다.'라고 하더니, 얼마 뒤에 또 창을 자랑하여 '내 창의 날카로움은 어떤 물건도 뚫지 못하는 것이 없다.'라고 하였다. 어떤 이가 응대하여 '그대의 창으로 그대의 방패를 뚫는다면 어떻게 되오?'라고 하자 그 사람은 응답하지 못하였다.(『한비자』「난세」: 客曰 人有鬻矛與楯者, 譽其楯之堅, 物莫能陷也, 俄而又譽其矛曰 吾矛之利, 物無不陷也. 人應之曰 以子之矛, 陷子之楯, 何如? 其人弗能應也.)"
3) 『도덕경』 58장: "禍兮福之所倚, 福兮禍之所伏. 孰知其極, 其無正. 正復爲奇, 善復爲妖."
4) 리처드 니스벳, 최인철 옮김, 『생각의 지도』, 김영사, 2004, 38~39쪽.

제5장 :

1) 1. 『수역』에 내해: 『역경』은 『주역(周易)』의 일부분입니다. 오늘날 『주역』은

『역경』과 『역전(易傳)』의 합본으로 이루어져 있습니다. 고대에 『주역』은 기원전 1046년에 설립된 주(周)나라에서 점을 칠 때 사용한 점서(占書)였습니다. 그러나 시간이 흐르면서 『주역』을 통해 인간사와 세상사를 논의하는 사람이 늘어나며 『주역』의 용도가 조금씩 변화하기 시작했습니다. 공자는 『주역』을 통해 점을 치지 않으면서도 이 책을 읽고 또 읽어 가죽끈이 세 번이나 끊어졌다는 '위편삼절(韋編三絶)'의 일화를 남겼습니다. 춘추시대 말기서부터는 점서로서만이 아니라, 철학책으로서의 자리매김도 한 것 같습니다. 이후, 『주역』은 아시다시피 인류 문명의 중요한 금자탑 중 하나로 자리 잡게 되었습니다.

2. 『역경』과 『역전』의 관계에 대해: 기본적으로 『역전』은 『역경』에 관한 해설서입니다. 이 관계를 제대로 반영한 것이 중국 한나라 때부터 사용하기 시작한 십익(十翼)이라는 표현입니다. '익(翼)'은 날개인데, 날개는 몸통을 보조합니다. 그처럼 날개 『역전』이 몸통 『역경』을 체계적으로 이해하고 해석하는 것을 뒷받침하고 있습니다. 달리 말하면, 『역경』은 성현의 글이라면 『역전』은 성현이 쓴 글에 대한 현자의 해석인 셈입니다. 그렇다면 누가 지었는가가 궁금해지는데, 저자에 관해서는 판정할 수도 없고 셀 수도 없을 만큼 복잡하고 다양한 견해들이 충돌하고 있어 여기서는 서두조차 꺼내놓기 어렵습니다. 넘어가는 것이 상책입니다.

3. 『역전』의 구성에 대해: 『역전』은 7종 10편으로 구성되어 있습니다. 그것은 「단전(彖傳) 상·하」, 「상전(象傳) 상·하」, 「계사전(繫辭傳) 상·하」, 「문언전(文言傳)」, 「설괘전(說卦傳)」, 「서괘전(序卦傳)」, 「잡괘전(雜卦傳)」입니다.

2) 고대 중국에서 그려진 두 그림에서 이 부호들이 발견됩니다. 그림들이 하도(河圖)와 낙서(洛書)입니다. 하도는 중국 황하에서 발견되었는데 기원전 5,500년 전에 그려진 것으로 추정됩니다. 낙서는 중국 낙수에서 발견되었는데 기원전 2,200년 전에 그려진 것으로 추정됩니다.

3) 세 자리로 된 8괘는 소성괘(小成卦)라 하고, 여섯 자리로 된 64괘는 '대성괘(大成卦)'라 합니다.

4) 『주역』을 점(占)의 관점이 아닌 철학의 관점에서 주석한 왕필은 『주역약례』 「명괘적변통효(明卦適變通爻)」에서 "괘(卦)는 어떤 상황을, 효(爻)는 그 상황에

따라 변하는 것"이라고 괘와 효의 관계를 설명합니다. 참고로 왕필이 말하는 괘는 ❶의 열, 처음에 나오는 부호 '☰'를 뜻합니다. 루우열 교석, 『왕필집교석』, 대북: 화정서국, 1983, 604쪽.

5) 『주역』 「계사상」 : "夫易, 聖人之所以極深而硏幾也."

제6장 :

1) 공자의 이름은 구(丘)이고, 자(字)는 중니(仲尼)입니다. 이 '자'는 동아시아 지역의 각 나라에서 남자아이가 성인이 되었음을 알리는 관례를 치를 때 지어주는 이름을 말합니다. '자'를 지어준다는 것은 아이가 성인이 되었음을 인정한다는 의미와 성인으로서 책임을 다하라는 의미가 함께 담겨 있었습니다. 그래서 자를 지을 때는 그 아이가 앞으로 이러저러한 덕성이나 품성을 쌓았으면 좋겠다는 의미를 담아 지었다고 합니다.
2) 『논어』 「선진」 : "顔淵死. 子曰 噫 天喪予 天喪予."
3) 제가 『논어』를 스승에게서 처음 배울 때 가장 인상 깊었던 말은 "반부논어(半部論語), 치천하(治天下)"입니다. 이 말은 중국 송(宋)나라 때 태종(太宗, 939~997)을 보필하던 조보(趙普, 922~992)라는 신하가 한 말로, 『논어』를 절반만 알아도 천하를 평정하는 데에 부족함이 없다는 의미입니다. 스승의 연구실에서 일 년 동안 매주, 심지어 방학도 없이, 『논어』를 강독하면서 제가 받았던 감동은 이에 못지않았다고 감히 말씀드릴 수 있겠네요. 동양고전연구회, 『논어』, 지식산업사, 2002, 280쪽.
4) 분서갱유(焚書坑儒)는 기원전 213년 진시황이 시행한 사상 통제 정책으로, 법가 이외의 사상적 저작물을 불태우고(焚書), 반대하는 유학자들을 생매장한(坑儒) 사건입니다. 이는 진나라의 중앙집권적 통치를 강화하기 위한 조치였으나, 후대에 사상과 학문의 자유를 억압한 폭정의 대표적 사례로 비판받게 되었습니다.
5) 세 가지 버전의 『논어』란 『노(魯)논어』, 『제(齊)논어』 그리고 『고문(古文)논어』를 말합니다. 『노논어』는 공자의 출생지인 노(魯)나라에서 전해진 20편으로 된 버전을, 『제논어』는 관중을 배출한 제(齊)나라에서 전해진 21편으로 된 버전을, 『고문논어』는 공자 집안의 벽 속에서 발견된 21편으로 된 버전을

말합니다.

6) 이렇게 말할 수 있는 결정적 근거가 있습니다. 오늘날 우리가 보는 『논어』는 20편으로 되어 있습니다. 『노논어』와 『장후론』만 20편으로 되어 있습니다. 그리고 그 20편에는 모두 편명(篇名)이 있고, 그 편명은 각 편 첫머리의 두세 글자를 따서 만들었습니다. 이를테면, 『논어』의 첫째 편명이 '학이(學而)'인 것은 첫째 편이 "학이시습지(學而時習之)"로 시작하기 때문인 것과 같습니다. 그런데 이런 편명이 『노논어』에는 보이지 않고 『장후론』에서부터 보이기 시작합니다. 그래서 현재 우리가 보는 『논어』는 『장후론』이라 하는 것입니다.

7) 이 책의 저자가 누구인가는 많은 고대 서적이 그러하듯이 확실하지 않습니다. 한때는 공자의 손자인 자사(子思, 기원전 483년?~기원전 402년?)가 저자일 것이라는 추측이 있었지만, 이러한 주장에 대한 명확한 근거를 찾기 어려워 20세기 후반부터는 받아들여지지 않고 있습니다.

8) 『논어』「안연」: "司馬牛問仁. 子曰, 仁者, 其言也訒. 曰, 其言也訒, 斯謂之仁已乎? 子曰, 爲之難, 言之得無訒乎?"

9) 『논어』「옹야」: "問仁. 曰, 仁者先難而後獲, 可謂仁矣."

10) 『논어』「안연」: "仲弓問仁. 子曰, 出門如見大賓, 使民如承大祭. 己所不欲, 勿施於人. 在邦無怨, 在家無怨. 仲弓曰, "雍雖不敏, 請事斯語矣."

11) 『사기』「중니제자열전」: "司馬耕, 字子牛, 牛多言而躁."

12) 『논어』「자로」: "樊遲請學稼. 子曰, 吾不如老農. 請學爲圃. 曰, 吾不如老圃. 樊遲出. 子曰, 小人哉, 樊須也!" 참조.

13) 『사기』「중니제자열전」: "孔子曰, 受業身通者, 七十有七人, 皆異能之士也. 德行, 顔淵, 閔子騫, 冉伯牛, 仲弓."

14) 『논어』「옹야」: "雍也可使南面." 참조. 여기서 남면(南面)은 남쪽을 향해 자리 잡는다는 뜻인데, 천자와 제후의 자리가 남쪽을 향합니다. 따라서 남면은 나라를 다스린다는 뜻이 됩니다.

15) 주8과 동일.

16) 『논어』「자로」: "樊遲問仁. 子曰, 居處恭, 執事敬, 與人忠. 雖之夷狄, 不可棄也."

17) 『좌전』「애공 11년」: "冉求帥左師, 管周父御, 樊遲爲右." 참조.

18) 『논어』「헌문」: "子曰, 古之學者爲己, 今之學者爲人."
19) 『논어』「위정」: "曰, 學而不思則罔, 思而不學則殆."
20) 김상환, 『공자의 생활난』, 북코리아, 2016, 184~185쪽.
21) 『논어』「술이」: "子曰, 三人行, 必有我師焉, 擇其善者而從之, 其不善者而改之."
22) 『논어』「리인」: "子曰, 見賢思齊焉, 見不賢而內自省也."
23) 『논어』「공야장」: "子曰, 敏而好學, 不恥下問, 是以謂之文也."
24) 이강수, 『중국 고대철학의 이해』, 지식산업사, 2015, 63쪽.
25) 『중용』: "所求乎弟而事兄, 未能也." 참조.
26) 극기복례(克己復禮)라는 말은, 공자 출생지인 노(魯)나라의 역사책인 『춘추(春秋)』를 해석한 『좌전(左傳)』「소공(昭公) 12년」에도 나옵니다. 그래서 이를 공자가 창안한 말이라고 하기는 어렵습니다. 하지만, 공자가 이 말에 새로운 의미를 부여했다고는 말할 수 있겠습니다.
27) 신정근, 『사람다움의 발견』, 이학사, 2005, 402~403쪽.
28) 김상환, 『공자의 생활난』, 북코리아, 2016, 153~155쪽.
29) 『논어』「양화」: "宰我問, 三年之喪, 期已久矣. 君子三年不爲禮, 禮必壞, 三年不爲樂, 樂必崩. 舊穀旣沒, 新穀旣升, 鑽燧改火, 期可已矣. 子曰, 食夫稻, 衣夫錦, 於女安乎? 曰, 安. 女安則爲之! 夫君子之居喪, 食旨不甘, 聞樂不樂, 居處不安, 故不爲也. 今女安則爲之!" 참조.
30) 이강수, 『중국 고대철학의 이해』, 지식산업사, 2015, 66~67쪽.
31) 여기서 굳이 고대 한어의 문법적 내용을 소개하는 것은, 여러분이 혹시 겪을지도 모르는 고민을 미리 해결해 드리기 위함입니다. 한글 번역본 『논어』를 선택하실 때, 어떤 판본의 번역이 좋은지 판단하기 어려울 수 있습니다. 이때 '불역열호(不亦說乎)'의 구절이 '기쁘지 아니한가'로 번역되어 있다면, 해당 판본의 번역에 대해 어느 정도 신뢰하셔도 된다는 점을 알려드리고 싶었습니다.
32) 『논어』에 관한 한(漢)나라 시대 학자들의 주(注)와 그에 관한 당송(唐宋)시대 학자들의 소(疏)를 확인하고 싶은 분은 사단법인 전통문화연구회에서 운영하는 동양고전종합DB를 참조하시면 도움이 될 것입니다.
33) 나종석, 『대동민주주의와 21세기 유가적 비판이론의 모색』, 예문서원,

2023, 32~47쪽.

34) 이 구절(脩己以敬)을 “경으로써 수기한다.”라고 번역하는 사례를 여기저기서 볼 수 있습니다. 고대 한어(漢語) 문법상 충분히 가능한 방식입니다. 이는 경을 기준으로 자기를 가꾼다는 의미가 됩니다. 그런데 이 구절에 공자 철학과 유교의 사상을 적용한다면 다른 번역이 나온다는 것이 필자의 생각입니다. 당장에 “경으로써 수기한다.”라고 번역하는 분들도 “脩己以安人”이나 “脩己以安百姓”을, “수기하여 안인”하고 “수기하여 안백성”한다고 번역합니다. 그러니까 공자나 유교는 ‘수기’에서 ‘안인’으로, 그리고 더 나아가 ‘안백성’으로 확장되는 것을 지향합니다. 이래야 공자이고 유교입니다. 그래서 “수기이경”을 “수기하여 자기 자신의 몸과 마음을 경(敬)한 상태로 있게 한다거나 만든다.”라고 번역하는 것이 더 타당하다고 보았습니다. 다시 말해, 수기한 만큼 나를 경하게 만들 수 있다는 것입니다.

35) 『논어』 「헌문」 : “子路問君子. 子曰, 脩己以敬. 曰, 如斯而已乎? 曰, 脩己以安人. 曰, 如斯而已乎? 曰, 脩己以安百姓. 脩己以安百姓, 堯舜其猶病諸?”

36) 『논어』 「위정」 : “子曰, 吾十有五而志于學, 三十而立, 四十而不惑, 五十而知天命, 六十而耳順, 七十而從心所欲, 不踰矩.”

제7장 :

1) 역사적으로 “현재의 나는 왜 이렇게 되었을까?”라는 질문을 다룬 철학자 중에, 존 로크(John Locke, 1632~1704)만큼 유명한 사람은 없는 듯합니다. 영국의 철학자인 로크는 의학에 조예가 깊어 외과의로 개업할 정도였고, 경험적 방법에 심취하여 경험주의 철학의 선구자로 불립니다. 로크는 1690년에 『인간지성론』(An Essay Concerning Human Understanding)을 통해 인간의 마음을 빈방이나 아무 글자가 없는 백지, 또는 완전히 밀폐된 암실에 비유했습니다. 로크가 비유한 인간의 마음 상태를 후대의 학자들은 ‘타불라 라사(tabula rasa)’라는 중세 라틴어로 표현했는데, 이는 뜻 그대로 해석하면 ‘빈 서판’으로 번역할 수 있습니다. 로크는 사람의 마음이 ‘빈 서판’과 같다고 보았고, 이는 사람이 백지상태로 태어난 이후 환경과 양육에 따라 그 백지에 무엇이 쓰이고 그려질지가 결정된다고 보았습니다.

로크가 이 주제에서 역사적으로 중요한 인물이라면, 현대의 대가는 하버드 대학교 심리학과 교수 스티븐 핑커(Steven Pinker)입니다. 핑커는 『빈 서판』과 『우리 본성의 선한 천사』의 저자이며, 인간에게 본성이 있다는 주장 때문에 인종주의, 성차별, 유전자 결정론, 나치즘 등과 같은 행태들이 발생한다고 믿는 사람들에게 이것이 오해임을 밝히려 합니다. 『빈 서판』의 서문에서 핑커는 "인간 본성을 위험한 개념으로 보게 된 역사를 추적할 것이고, 그 과정에서 인간 본성의 개념을 얽매는 도덕적·정치적 올가미를 벗겨 볼 것이다."라는 포부를 밝힙니다. 그는 인간을 본성의 산물로만 보고 양육을 무시하는 입장을 취하지 않겠다고 명확히 합니다.

2) 맹자 스스로 이렇게 말합니다. "만약 하늘 아래 온 세상을 태평성대로 만들겠다고 한다면 당대에 나를 제쳐놓고 그 누구리오?(『맹자』「공손추하」: 如欲平治天下, 當今之世, 舍我其誰也.)"

3) 이강수, 『중국 고대철학의 이해』, 지식산업사, 2015, 85~86쪽.

4) 일반적으로 본성은 대부분 본질적 속성을 의미하며, '본래적 속성'이라는 표현은 잘 사용하지 않습니다. 그러나 맹자가 사용하는 '성(性)'과 순자가 사용하는 '성(性)'의 차이를 명확히 드러내기 위해, 다소 무리한 감이 있더라도 '본래적 속성'을 '본질적 속성'의 대응 개념으로 설정했음을 미리 알려드립니다.

5) 이를 라틴어로는 'a priori(아프리오리)'라 하고, 영어에서는 'innate(이네이트)'를 주로 사용합니다. 그러므로 '후천적(後天的)'이란 '태어난 이후' 얻게 되는 것을 말하며, 라틴어로는 'a posteriori(아포스테리오리)'라 하고 영어로는 'acquired(어콰이어드)'라고 합니다.

6) 『맹자』「등문공상」: "夫物之不齊, 物之情也."

7) 『공손룡자』「명실론」: "天地與其所産焉, 物也."

8) 『맹자』「이루하」: "人之所以異於禽獸者, 幾希, 庶民去之, 君子存之."

9) 『맹자』「공손추상」: "由是觀之, 無惻隱之心, 非人也. 無羞惡之心, 非人也. 無辭讓之心, 非人也. 無是非之心, 非仁也. 惻隱之心, 仁之端也. 羞惡之心, 義之端也. 辭讓之心, 禮之端也. 是非之心, 智之端也."

10) 『맹자』「이루하」: "人之所以異於禽獸者, 幾希, 庶民去之, 君子存之. 舜明於庶物

察於人倫, 由仁義行, 非行仁義也."

11) 『맹자』「고자상」: "惻隱之心, 人皆有之, 羞惡之心, 人皆有之, 恭敬之心, 人皆有之, 是非之心, 人皆有之. 惻隱之心, 仁也, 羞惡之心, 義也, 恭敬之心, 禮也, 是非之心, 智也, 仁義禮智, 非由外鑠我也. 我固有之也, 弗思耳矣. 故曰, 求則得之, 舍則失之, 或相倍蓰而無算者, 不能盡其才者也."

12) 『맹자』「공손추상」: "今人乍見孺子, 將入於井, 皆有怵惕惻隱之心, 非所以內交於孺子之父母也, 非所以要譽於鄉黨朋友也, 非惡其聲而然也."

13) 『맹자』「고자상」: "從其大體爲大人, 從其小體爲小人, … 心之官則思, 思則得之, 不思則不得也, 此天之所與我者."

14) 이 맥락에서 『중용』의 첫 문장인 "천명지위성(天命之謂性)"이 떠오릅니다. 이 명제에 등장하는 철학적 개념인 '명(命)'은 '천이 일방적으로 주었다'라는 의미이고, '성(性)'은 천이 일방적으로 준 것을 '사람 쪽에서 받았다'라는 의미입니다. 천이 준 것과 사람이 받은 것이 내용상 같은 것입니다. 다만, 누가 어떤 방식으로 주었는지, 그리고 누가 받았는지를 구별하기 위해, '명'과 '성'이라는 개념을 사용한 것입니다. 그러니까 사람의 선천적 본성을 사람에게 준 쪽인 하늘에서 보면 '명'이고, 준 것을 받은 사람의 처지에서 보면 '성'이라는 말입니다. 이런 의미를 살려 '천명지위성'을 번역하면, "지선지미한 존재인 천이 사람에게 일방적으로 (본성을) 부여하였는데, 부여받은 그것을 (받은 사람 쪽에서 말하면) '성'이라 한다."가 됩니다.

15) 『맹자』「고자상」: "水信無分於東西, 無分於上下乎, 人性之善也, 猶水之就下也. 人無有不善, 水無有不下, 今夫水, 搏而躍之, 可使過顙, 激而行之, 可使在山, 是豈水之性哉. 其勢則然也, 人之可使爲不善, 其性亦猶是也."

16) 『맹자』「고자상」: "耳目之官, 不思而蔽於物, 物交物, 則引之而已矣."

17) 호연지기에 관한 내용은 1987년에 발간된 『중국철학개론』의 25~30쪽에 근거하여 작성했습니다. 이강수 외, 『중국철학개론』, 한국방송통신대학출판부, 1987, 25~30쪽.

제8장 :

1) 맹자와 순자에게는 공통점이 있습니다. 순자와 맹자는 모두 충실한 공자의

계승자임을 자처했다는 사실입니다. 유학자들에게 꿈은 매우 중요한 단서입니다. 맹자와 순자 모두 자신의 꿈에서 공자를 보았다고 서술한 바 있습니다. 유학에 몸을 담은 학자에게 목표는 공자 같은 사람이 되는 것입니다. 유학자에게 공자를 꿈에서 보는 것은 꿈에서도 공자처럼 되고 싶다는 각오를 저버리지 않은 것을 의미합니다. 이것은 유학자 스스로 자신을 자랑스럽게 여길 일입니다. 맹자와 순자가 제각기 조성한 철학은 다르지만, 공자의 충실한 계승자가 되고 싶어 했다는 점에서는 공통이라 하겠습니다.

2) 하지만 정확하게 말하자면 순자의 철학에서는 생존을 위해 '양육'이 모든 사람에게 필수이듯이, 사람이 사람다워지기 위해서는 누구에게나 '교육' 역시 필수입니다. 순자는 '양육'과 '교육'은, 어디서부터 어디까지가 '양육'이고 어디부터 '교육'이라 딱 잘라 말하기가 어려울 정도로 일련의 연속된 과정으로 생각했습니다.

3) 『순자』「성악」: "凡古今天下之所謂善者, 正理平治也. 所謂惡者, 偏險悖亂也, 是善惡之分也已."

4) 이강수, 『중국 고대철학의 이해』, 지식산업사, 2015, 108쪽.

5) 『순자』「정명」: "生之所以然者, 謂之性. … 不事而自然, 謂之性."

6) 『순자』「성악」: "今人之性, 生而有好利焉, 順是, 故爭奪生而辭讓亡焉, 生而有疾惡焉, 順是, 故殘賊生而忠信亡焉, 生而有耳目之欲, 有好聲色焉, 順是, 故淫亂生而禮義文理亡焉."

7) 순자는 「정명」에서 성(性)과 정(情)의 관계를 정의합니다. "성이 외계 사물과 접촉하여 호오희노애락(好惡喜怒哀樂)으로 발현된 것을 '정'이라 한다(『순자』「정명」: 性之好惡喜怒哀樂, 謂之情)."

8) 『순자』「성악」: "塗之人可以爲禹, 曷謂也? 曰, 凡禹之所以爲禹者, 以其爲仁義法正也. 然則仁義法正有可知可能之理. 然而塗之人也, 皆有可以知仁義法正之質, 皆有可以能仁義法正之具, 然則其可以爲禹明矣." 참고로, 구(具)는 재물이나 재물의 씀씀이와 관련 깊은 재용(財用)의 뜻인데, 이 원문의 재(財)는 재(材) 자를 대신하여 쓰인 것이고, 이 재(材)는 능(能)과 통용되므로 '구'를 '능력'으로 번역한다는 이운구 선생의 견해를 따랐습니다. 『순자2』, 이운구 옮김, 한길사, 2006, 227~228쪽.

9) 노사광, 정인재 옮김, 『중국철학사: 고대편』, 탐구당, 1991, 335쪽.
10) 『순자』「해폐」: "凡以知, 人之性也, 可以知, 物之理也."
11) 『순자』「성악」: "古者聖王以人之性惡. … 是以爲之起禮義·制法度, 以矯飾人之情性而正之, 以擾化人之情性而導之也. 始皆出於治, 合於道者也. 今之人, 化師法, 積文學, 道禮義者, 爲君子, 縱性情, 安恣睢, 而違禮義者, 爲小人."
12) 『순자』「유효」: "故有師法者, 人之大寶也, 無師法者, 人之大殃也. 人無師法, 則隆性矣, 有師法, 則隆積矣, 而師法者, 所得乎積, 非所受乎性."
13) 『순자』「예론」: "禮者, 人道之極也."
14) 『순자』「의병」: "禮者, 治辨之極也."
15) 『순자』「성악」: "今人之性惡, 必將待師法然後正."
16) 『순자』「수신」: "禮者, 所以正身也, 師者, 所以正禮也. 無禮, 何以正身, 無師, 吾安知禮之爲是也? … 故學也者, 禮法也. 夫師, 以身爲正儀, 而貴自安者也."
17) 『순자』「예론」: 禮起於何也? 曰, 人生而有欲, 欲而不得, 則不能無求, 求而無度量分界, 則不能不爭. 爭則亂, 亂則窮. 先王惡其亂也, 故制禮義以分之, 以養人之欲, 給人之求. 使欲必不窮乎物, 物必不屈於欲, 兩者相持而長, 是禮之所起也.
18) 이강수, 『중국 고대철학의 이해』, 지식산업사, 2015, 132~133쪽.
19) 김상환, 『공자의 생활난』, 북코리아, 2016, 146~147쪽.
20) 『순자』「성악」: "然則其可以爲禹明矣."
21) 이강수, 『중국 고대철학의 이해』, 지식산업사, 2015, 301~307쪽.
22) 『한비자』「난일」: "且臣盡力以與君市, 君垂爵祿以與臣市."
23) 『한비자』「비내」: "適子爲太子者, 或有欲其君之蚤死者."
24) 『한비자』「육반」: "此父母之於子也, 産男則相賀, 産女則殺之. 此俱出父母之懷衽, 然男子受賀, 女子殺之者, 慮其後便, 計之長利也."

제9장 :

1) 이 장의 내용은 김철신의 2008년 발표 논문 「후기 묵가의 공손룡 비판 고찰: 사물과 인식의 문제를 중심으로」에서 따와 변형한 것입니다. 다만, 발표 논문에서는 공손룡의 견해를 후기 묵가의 관점에서 비판하는 데에 초점이 맞춰졌다면, 이곳에서는 양자를 동등하게 대우하려고 하였습니다. 다음

은 논문 발표 지면입니다. 『철학연구』 제82집, 철학연구회, 2008.08.

2) 『공손룡자』 「적부」 : "龍之所以爲名者, 乃以白馬之論爾!" / 앞으로 인용되는 『공손룡자』 원문은 특별한 언급이 없는 한 방박(龐樸)의 『공손룡자연구』를 따릅니다. 방박은 현재 중국 산동대학교 종신교수로서 중국 철학사와 문화사 전문가입니다.

3) 『공손룡자』 「백마론」 : "求馬, 黃·黑馬皆可致; 求白馬, 黃·黑馬不可致. 使白馬乃馬也, 是所求一也. 所求一者, 白者不異馬也. 所求不異, 如黃·黑馬有可有不可, 何也? 可與不可, 其相非明. 故黃·黑馬一也, 而可以應有馬, 而不可以應有白馬, 是白馬之非馬, 審矣!"

4) 『공손룡자』 「백마론」 : "有白馬不可謂無馬者, 離白之謂也; 不離者有白馬不可謂有馬也."

5) 방박, 『공손룡자금역』, 成都: 巴蜀書社, 1990, 1쪽.

6) 묵자 사후, 묵자 후학들의 분열상을 기록한 선진시대 관련 문헌으로는 『莊子』와 『韓非子』를 꼽을 수 있습니다. 『장자』의 마지막 편인 「천하」에는 분열된 파 가운데 대표적 세 파를 소개하고, 그들 각각이 자신이 속한 파는 정통이고 상대방 파는 정통이 아니라는 의미에서 '별묵(別墨)'이라 칭하였다는 사실이 기재되어 있습니다(『장자』 「천하」 : "相里勤之弟子五侯之徒, 南方之墨子苦獲·已齒·鄧陵子之屬, 俱誦墨經, 而倍譎不同, 相謂別墨; 以堅白同異之辯相訾, 以觭偶不仵之辭相應; 以巨子爲聖人, 皆願爲之尸, 冀得爲其後世, 至今不決."). 그리고 『한비자』의 50번째 편인 「현학」에는 묵자가 죽고 나서 묵가가 상리씨의 묵학, 상부씨의 묵학 그리고 등릉씨의 묵학으로 나뉘었다는 기록이 실려 있습니다(『한비자』 「현학」 : "自墨子之死也, 有相里氏之墨, 有相夫氏之墨, 有鄧陵氏之墨.").

7) 20세기 초반 미국 코넬 대학교에 유학하여 존 듀이에게 사사하고, 그 뒤 콜롬비아대학교에서 박사학위를 받고 귀국하여 북경대학교 교수로 재직하며 총장까지 역임한 호적(胡適)은 묵자 사후 묵가가 '과학적 묵학도'와 '종교적 묵학도'로 나뉘었다고 봅니다. 그리고 호적은 과학적 묵학도가 '인식의 문제', '개념의 포함 관계' 그리고 '같음과 다름의 문제' 등을 집중적으로 논의하였다는 사실에 주목합니다. 호적, 송긍섭 외 옮김, 『중국고대철학사』, 내한교과서주식회사, 1990, 201~205쪽.

8) 『맹자』「등문공하」: "楊朱墨翟之言盈天下, 天下之言不歸楊, 則歸墨."

9) 『한비자』「현학」: "世之顯學, 儒墨也."

10) 『묵자』「법의」: "人無幼長貴賤, 皆天之臣也."

11) 호적, 송긍섭 외 옮김, 『중국고대철학사』, 대한교과서주식회사, 1990, 201~205쪽.

12) 선진(先秦)시대 학술계에서 통용되던 관념에 의하면, 인식은 기본적으로 인식 대상인 사물과 인식 주체인 사람이 만나야 성립합니다. 인식 능력을 타고난 사람에게는 인식 기관이 있는데, 이를 세분화하면 감각기관과 사유 기관입니다. 감각기관에는 이목구비와 몸이 포함되며, 이 감각기관을 통해 얻은 인식을 특히 '감각(내용)'이라고 합니다. 동아시아 전통에서 사유 기관은 '머리'나 '뇌'가 아닌, '마음'—요즘 말인 '정신(精神)' 포함—을 꼽습니다. 사유 기관은 감각기관을 통해 얻은 감각(내용)을 분석, 분류 그리고 종합하는 일을 합니다.

13) 공손룡의 철학은 이 문헌에 담겨 있습니다. 이 문헌의 존재를 최초로 확인해 주는 『한서(漢書)』에는 구체적인 내용에 대한 언급은 일절 없고 『공손룡자』가 14편으로 구성되어 있다는 기록만이 덩그러니 기재되어 있습니다. 하지만, 『도장(道藏)』과 『사고전서총목제요(四庫全書總目提要)』에 실려 오늘날까지 전해진 『공손룡자』는 여섯 편뿐입니다. 그것은 「적부(跡府)」, 「백마론(白馬論)」, 「지물론(指物論)」, 「견백론(堅白論)」, 「통변론(通變論)」, 「명실론(名實論)」입니다. 현재 우리가 볼 수 있는 『공손룡자』는 이 여섯 편입니다.

14) 「견백론」에는 문장 순서가 뒤바뀐 데가 없고, 오탈자가 적으며 작품의 성격이 선명합니다. 그래서 『공손룡자』의 다른 편 특히 「통변론」이나 「지물론」과 달리, 해독이 비교적 무난하다는 평을 받고 있습니다. 난성, 『공손룡자장전』, 河南: 中州書畵社, 1982, 30쪽.

15) 『공손룡자』「견백론」: "『堅白石三』, 可乎? 曰: 不可. 曰: 二可乎? 曰: 可. 曰: 何哉? 曰: 無堅得白, 其擧也二; 無白得堅, 其擧也二."

16) '견백석은 둘'이라는 공손룡의 주장에는 두 가지 암묵적인 전제가 깔려 있습니다. 첫째, 상식적이지만, 사람에게는 동시에 만지고 볼 수 있는 감각기관이 없다는 것입니다. 둘째, 서로 다른 감각기관을 통해 얻은 감각들을 종

합할 기관이 사람에게 있다는 것을 인정하지 않고 있습니다. 이는 공손룡이 시각을 통해 얻은 감각과 촉각을 통해 얻은 감각을 별개로 다루고 있기 때문입니다.

17) 『묵자』「경하」 : "於一, 有知焉, 有不知焉."

18) 『묵자』「경하」 : "有指于二, 而不可逃, 說在以二參."

19) 『공손룡자』「견백론」 : "曰: 得其所白, 不可謂無白; 得其所堅, 不可謂無堅. 而之石也之於然也, 非三也. 曰: 視不得其所堅而得其所白者, 無堅也; 拊不得其所白而得其所堅者, 無白也."

20) 『공손룡자』「견백론」 : "曰: 得其白, 得其堅, 見與不見謂之離. … 故有知焉, 有不知焉; 有見焉, 有不見焉. 故知與不知相與離."

21) 후기 묵가가 사물의 존재 방식을 실체와 속성의 관계로 파악한다는 논의는 김철신의 2004년 발표 논문 「후기 묵가의 '以名擧實' 고찰」(『東洋哲學』 제21집, 한국동양철학회, 2004.)에 자세히 나와 있습니다.

22) 『묵자』, 「경하」 : "於一, 有知焉, 有不知焉, 說在存." / 『묵자』「경설하」 : "於: 石・一也. 堅・白・二也. 而在石. 故有智焉, 有不智焉, 可." / 진맹린, 『묵변나집학』, 濟南: 齊魯書社, 1983, 245쪽.

23) 『공손룡자』「견백론」 : "堅未與石爲堅, 而物兼未與爲堅, 而堅必堅. … 白固不能自白, 惡能白石物乎? … 石其無有. 惡取堅白石乎? 故離也."

24) 『공손룡자』「견백론」 : "物白焉, 不定其所白, … 不定者, 兼. 惡乎其石也?"

25) 『공손룡자』「백마론」 : "白者不定所白, … 白馬者, 言白定所白也, 定所白者非白也." 참고로, 원문 '白者不定所白'의 '정(定)' 자를 '결합'의 뜻으로 풀이한 것은 방박의 견해를 따른 것입니다. 방박, 『공손룡자금역』, 成都: 巴蜀書社, 1990, 52쪽.

26) 『공손룡자』「견백론」 : "且猶白以目見以火見, 而火不見, 則火與目不見而神見; 神不見而見離." 앞의 인용문 가운데 '신(神)' 자에 대해서는 중국 북송(北宋) 시대 사희심(謝希深, 994 또는 995~1039)이 정신(精神)으로 해석한 것을 따랐습니다. 난성, 『공손룡자장전』, 河南: 中州書畵社, 1982, 50~51쪽.

27) 김주환, 『내면소통』, 인플루엔셜, 2023, 214쪽.

참고문헌

고전 :

『국어(國語)』,
『공손룡자(公孫龍子)』,
『논어(論語)』,
『도덕경(道德經)』,
『맹자(孟子)』,
『묵자(墨子)』,
『사기(史記)』,
『서경(書經)』,
『시경(詩經)』,
『순자(荀子)』,
『장자(莊子)』,
『좌전(左傳)』,
『주역(周易)』,
『중용(中庸)』,
『한비자(韓非子)』

현대 자료 :

김상환, 『공자의 생활난』, 북코리아, 2016.
김주환, 『내면소통』, 인플루엔셜, 2023.
나종석, 『대동민주주의와 21세기 유가적 비판이론의 모색』, 예문서원, 2023.

동양고전연구회, 『논어』, 지식산업사, 2002,
신정근, 『사람다움의 발견』, 이학사, 2005.
이강수, 『중국 고대철학의 이해』, 지식산업사, 2015.
이강수 외, 『중국철학개론』, 한국방송통신대학출판부, 1987.
이운구 옮김, 『순자2』, 한길사, 2006.
최재천, 『숙론』, 김영사, 2024.
탁석산, 자기만의 철학, 창비, 2011.
勞思光, 정인재 옮김, 『中國哲學史: 古代編』, 탐구당, 1991.
龐樸, 『公孫龍子今譯』, 成都: 巴蜀書社, 1990.
胡適, 송긍섭 외 옮김, 『中國古代哲學史』, 대한교과서주식회사, 1990.
리처드 니스벳, 최인철 옮김, 『생각의 지노』, 김영사, 2004.

樓宇烈 校釋, 『王弼集校釋』, 臺北: 華正書局, 1983.
欒星, 『公孫龍子長箋』, 河南: 中州書畵社, 1982.
陳孟麟, 『墨辯邏輯學』, 濟南: 齊魯書社, 1983.
龐樸, 『公孫龍子硏究』, 北京: 中華書局, 1972.
龐樸, 『公孫龍子今譯』, 成都: 巴蜀書社, 1990.

김철신, 「후기 묵가의 공손룡 비판 고찰: 사물과 인식의 문제를 중심으로」, 『철학연구』 제82집, 철학연구회, 2008.08.
김철신, 「후기 묵가의 '以名擧實' 고찰」, 『동양철학』 제21집, 한국동양철학회, 2004.

찾아보기